Karla Höcker

Franz Schubert in seiner Welt

Die Autorin:

Karla Höcker, in Berlin geboren, studierte auch dort auf der Staatlich-Akademischen Hochschule für Musik. Zehn Jahre lang war sie Mitglied des Brunierquartetts. 1938 veröffentlichte sie ihr erstes Buch, dem im Laufe der Zeit 22 weitere Werke folgten, in denen Musik fast immer die Hauptrolle spielt. 1955 wurde ihr Roman ›Die Mauern standen noch‹ mit dem Verlagspreis des Kulturbuchverlages ausgezeichnet. ›Die letzten und die ersten Tage‹, Berliner Aufzeichnungen 1945, fanden auch als RIAS-Feature starke Beachtung. Zum 25. Todestag Wilhelm Furtwänglers erschien die Biographie über den großen Dirigenten, dessen Lebensweg und musikalisches Wirken Karla Höcker in Gesprächen und auf Tourneen näher kennenlernte. Der Wunsch, große Musikerpersönlichkeiten jungen Musikfreunden näherzubringen, führte zur Entstehung ihrer Clara Schumann-, Mozart-, Brahms- und der hier vorliegenden Schubert-Biographie. Karla Höckers Buch ›Ein Kind von damals‹ trägt autobiographische Züge. 1982 wurde ihr das Bundesverdienstkreuz verliehen.

Titel von Karla Höcker bei dtv junior: siehe Seite 4.

Karla Höcker

Franz Schubert in seiner Welt

Mit zahlreichen Abbildungen

Deutscher Taschenbuch Verlag

Titel der Originalausgabe:
»Die schöne unvergeßliche Zeit. Franz Schubert in seiner Welt.«

Von Karla Höcker sind außerdem bei dtv junior erschienen:
Clara Schumann, Band 7308
Das Leben des Wolfgang Amadé Mozart, Band 7406

Ungekürzter Text
Juni 1984
Deutscher Taschenbuch Verlag GmbH & Co. KG, München

ISBN 3-7817-0763-6
Umschlaggestaltung: Irmgard Voigt unter Verwendung eines Aquarells von Wilhelm August Rieder, aus den Sammlungen der Gesellschaft der Musikfreunde in Wien
Gesetzt aus der Bembo 10/12·
Gesamtherstellung: Kösel, Kempten
Printed in Germany · ISBN 3-423-07946-0

»Die schöne unvergeßliche Zeit«

Als Schubert geboren wurde, war Mozart erst sechs Jahre tot. Als er drei Jahre zählte, erklang Beethovens 1. Sinfonie zum erstenmal, und als er ins Konvikt eintrat, folgten die 5. und 6. des schon berühmten Meisters. Mozart und vor allem Beethoven prägten noch lange Zeit die Wertmaßstäbe der Wiener Musikkenner. Wenn auch manches Werk von Beethoven damals nicht verstanden wurde: den Respekt verweigerte ihm niemand. In einem Zeitraum von 35 Jahren hat er seine Hauptwerke geschrieben, vom 22. bis zum 56. Lebensjahr.

Schubert blieb ungefähr ein Drittel dieser Zeit für sein gesamtes Schaffen. In kaum mehr als zwölf Jahre preßt sich eine ungeheure schöpferische Leistung: über 600 Lieder, 9 Sinfonien, 18 Opern- und Bühnenmusiken, außerdem Ouvertüren, Chöre, Tänze, Kammermusik – und Klavierwerke. Die Fülle seines Schaffens ist nur mit der Mozarts vergleichbar, das atemberaubend Neue seiner Liedgestaltung ohne Beispiel.

Ist es ein Wunder, daß diese kurze Zeit nur wenig »interessante« Erlebnisse bietet? Daß es aus diesem Leben keine Sensationen, weder im negativen noch im positiven Sinne, zu berichten gibt? Es ist, als hätte Schubert von früh an gewußt, wie kurz sein Leben sein würde. Er arbeitete eigentlich ständig: im Wachen, im Traum, wenn er am Klavier saß, wenn er Tanzmusik improvisierte oder den Freunden ein neues Werk vorspielte. »Er tat nur Musik – und lebte so nebenbei«; Worte eines Musikers, der ihn ein Jahr vor seinem Tod kennenlernte.

Wir wissen heute weit mehr von seinem Lebenslauf, seinen Anschauungen und musikalischen Kenntnissen als die Musikliebhaber des 19. Jahrhunderts. Wir wissen auch, daß viele der hübschen, zuweilen etwas sentimentalen Anekdoten über ihn der realen Grundlage entbehren. Dagegen ist eine hervorragende Fachliteratur zu imponierendem Umfang angewachsen. Wer Orientierung über

Schuberts Rolle in der musikhistorischen Entwicklung sucht oder sich für einzelne Werke und Werkgruppen interessiert, sei auf den Anhang verwiesen, in dem die wichtigsten Veröffentlichungen aufgeführt werden.

Das vorliegende Werk ist weder Fachbuch noch Biographie. Es ist ein Geschichtenbuch, das von Menschen handelt, die ihn umgaben, von Musikern, die ihn liebten oder unterschätzten, von Theatergepflogenheiten, Verlegermethoden, der Trostlosigkeit des Metternichschen Systems – und auch von manchen Liebesaffären. Nur betreffen diese fast niemals Franz Schubert. Der Leser wird erstaunt sein über die Fülle der Ereignisse, die sich während seines kurzen Lebens abspielten, er wird von sehr realer Angst und viel Enttäuschung, von Übermut, Witz und freundschaftlicher Begeisterung, aber auch von dem großen Ernst hören, der jene jungen Menschen erfüllte, die Schubert liebten und halfen – und die er weit hinter sich ließ, als er starb. Er wird erkennen, daß »die schöne unvergeßliche Zeit«, wie Moritz von Schwind die Jahre mit Schubert genannt hat, in Wirklichkeit eine krisenhafte, tief beunruhigte Epoche war. Schönheit und Beglückung gingen damals für den Freundeskreis fast nur von dem unscheinbaren jungen Musiker aus, der so gern am Klavier saß, wenn andere tanzten.

Aus dem Mosaik zahlloser Einzelheiten mag sich jeder Leser *seinen* Schubert heraussuchen – dann wird er auf dem besten Wege zu seiner Musik sein.

K. H.

Auf dem Himmelpfortgrund

Franz Schubert ist der einzige gebürtige Wiener unter den großen Meistern gewesen: Haydn kam aus Niederösterreich, Mozart aus Salzburg, Beethoven aus Bonn. Doch auch Schubert wurde nicht nur von seinem Geburtsort geprägt. Seine Eltern stammten aus Österreichisch-Schlesien und Mähren, der Großvater väterlicherseits war noch Bauer. Auf diese Herkunft mögen manche Züge zurückzuführen sein, die später im Werk des Enkels aufscheinen: das ungebrochene Verhältnis zur Natur, der Sinn für einprägsame Melodik, auch die Neigung zu mystischer Versponnenheit und eine wunderbar reine, kindhafte Frömmigkeit. Das alles verband sich mit wienerischer Lebensfreude und Melancholie, ungarischem Temperament, der Grazie des Biedermeier: Geschenken des Geburtslandes.

Der Vater, Franz Theodor Schubert, war 1784 einem älteren Bruder zum Studium nach Wien gefolgt und hatte zunächst als dessen Schulgehilfe in der Leopoldstadt unterrichtet. 1786 übernahm er die stark heruntergewirtschaftete Schule auf dem Himmelpfortgrund; zuvor hatte er geheiratet. Marie Elisabeth Vietz – geb. Vitzin, steht in der Trau-Urkunde – war sieben Jahre älter als ihr Mann; »eine stille, von ihren Kindern sehr geliebte und von allen geachtete Frau«. Von den vierzehn Kindern des Paares blieben nur fünf am Leben; die Säuglingssterblichkeit war damals noch groß. Franz war das zwölfte Kind. Sein um zwölf Jahre älterer Bruder Ignaz wurde später Nachfolger des Vaters; Ferdinand und Karl, 1794 und 1795 geboren, übten ebenfalls den Lehrerberuf aus. Maria Theresia, die einzige Schwester, war vier Jahre jünger als Franz.

Als Franz Peter Schubert am 31. Januar 1797 geboren wurde, bewohnte die Familie das Haus »Zum roten Krebsen«, das in der Vorstadt Himmelpfortgrund lag und zum Pfarrsprengel Liechtental gehörte. Es enthielt sechzehn Wohnungen, die jeweils aus einem Zimmer mit Küche bestanden. Die Familie hatte zwei solcher Wohnungen zur Verfügung, in denen auch der Unterricht mehrerer

Schulklassen stattfinden mußte. Nur die große Bescheidenheit und Selbstdisziplin der Eltern mag das Zusammenleben der damals sechsköpfigen Familie in dieser Enge erträglich gestaltet haben.

Die Einnahmen des Schulleiters waren gering; das Schulgeld, das die Eltern der Kinder bezahlen sollten, betrug pro Woche 3–4 Kreuzer. Viele durften die Schule auch kostenlos besuchen. Durch den gewissenhaften und sinnvollen Unterricht des neuen Leiters besserte sich der Ruf der Schule im Haus »Zum roten Krebsen«, so daß bald auch Kinder aus entfernteren Vororten angemeldet wurden und sich die Schülerzahl ständig vergrößerte. In den Kinderjahren des kleinen Franz wurden etwa 180 Schüler in Vor- und Nachmittagsschichten unterrichtet. Den Nachmittagsunterricht besuchten vor allem Kinder bäuerlicher Eltern, die zu Hause helfen mußten. Franz Theodor Schubert benötigte bald Hilfskräfte, die er selber zu bezahlen hatte. Er erteilte deshalb zusätzliche Privatstunden und hoffte auf die spätere Mitarbeit der heranwachsenden Söhne, die alle die entsprechende Ausbildung erhielten. Warum der sanfte, gefügige, wenn auch eigenwillige Franz später einen solchen Abscheu vor Schule und Schuldienst an den Tag legte, konnte der Vater nie recht begreifen.

Er selber war ein passionierter Pädagoge. Er hatte Verständnis für moderne soziale Gesinnung, beteiligte sich an der Gründung einer Witwensocietät der Schullehrer in den Wiener Vorstädten und nahm auch noch das beschwerliche Amt des Armenpflegers auf sich. In Anerkennung dieser selbstlosen Bemühungen erhielt er später das Bürgerrecht der Stadt Wien. Im Jahre 1801 konnte er mit Hilfe einer Hypothek das Haus »Zum schwarzen Rössel« erwerben, und hier ist Franz Schubert von seinem fünften Lebensjahr an aufgewachsen.

Wenn er das Elternhaus durch den runden Torbogen verließ und auf die Straße hinaustrat, war er eigentlich gar nicht in Wien. Zwar lag die Vorstadt Himmelpfortgrund innerhalb des Linienwalls, doch außerhalb der Stadttore; fern, etwas östlich von diesem stillen Winkel, zeichnete sich die Silhouette der großen Stadt ab mit ihren Kirchen und Schlössern, vielbefahrenen Straßen und gepflegten Parks. Diese Welt war dem Kind noch ganz entrückt. Der Mittel-

Schuberts Geburtshaus »Auf dem Himmelpfortgrund«
Aquarell von Franz Reinhold, um 1880

punkt seines kleinen Lebens ist, neben dem Elternhaus, die Pfarrkirche von Liechtental, und dort wiederum die Orgelempore mit den barocken Auszierungen, auf der schöne feierliche Musik gemacht wird. Der Chorregent, Michael Holzer, leitet die Sänger, den Orgelspieler und die kleine Schar der Instrumentalisten an, die sich allsonntäglich zum Lobe des Herrn dort vereinen. Und wenn der kleine Schubert die Kirche verläßt und sich auf seinen kindlichen Streifzügen in die Richtung der Weindörfer Währing oder Döbling verliert, ist der Wiener Wald schon ganz nahe. Er kann den Gesang eines Jägers oder eines wandernden Handwerksburschen, vielleicht auch den eintönigen Klang einer Drehleier hören, die es damals noch gab.

Manche dieser Eindrücke spiegelten sich später, vertieft und verwandelt, in Schuberts schönsten Liedern wider.

Von der Unruhe der Zeit, den Bedrohungen durch Napoleon, dem unheimlichen Anwachsen der Inflation wußte das Kind nichts.

Franz war fünf Jahre alt, als der Vater begann, ihn zum Elementarunterricht vorzubereiten, und vom sechsten Lebensjahr an ließ er ihn die Schule besuchen, »wo er sich immer als der erste seiner Mitschüler auszeichnete. Schon in seiner frühesten Jugend liebte er die Gesellschaft, und niemals war er fröhlicher, als wenn er seine freien Stunden im Kreise munterer Kameraden zubringen durfte«. Sehr früh begann die Musik ihre Faszination auf den kleinen Franz auszuüben. Seine Schwester Therese erzählt, daß er sich gerne einem Tischlergesellen anschloß, der ihn manchmal in eine Klavierwerkstatt mitnahm. Dort und auf einem schlechten häuslichen Instrument hat der Junge Klavierspielen gelernt, zunächst mit Hilfe des Bruders Ignaz, der ihn aber bald »als einen mich selbst weit übertreffenden und nicht mehr einzuholenden Meister« anerkennen mußte. In seinem achten Jahr brachte ihm der Vater die nötigen Vorkenntnisse zum Geigenspiel bei und übte mit ihm, bis er imstande war, leichte Duette zu spielen. Er wurde nun zum Unterricht zu dem Chorregenten von Liechtental geschickt, der dem Vater mehrmals mit Tränen in den Augen versicherte, einen solchen Schüler noch nicht gehabt zu haben: »Wenn ich ihm was Neues beibringen wollte, hat er es schon gewußt. Folglich habe ich ihm eigentlich keinen Unterricht gegeben, sondern mich bloß mit ihm unterhalten und ihn stillschweigend angestaunt.« Franz hat diesen Lehrer geliebt und von den »Unterhaltungen« mit ihm spürbar profitiert; er hat ihm später eine Messe gewidmet.

Der hübschen Sopranstimme des kleinen Franz konnte der Chorregent bald die schwierigsten Soli in den sonntäglichen Kirchenmusiken anvertrauen, er konnte ihn an Geige oder Bratsche setzen, wo gerade Not am Mann war; auch mit den Grundlagen des Orgelspiels und des Kontrapunkts wurde der Zehnjährige rasch vertraut. An ersten Kompositionen versuchte er sich ebenfalls; leider ist von ihnen nichts erhalten geblieben.

Der Vater erfreute sich an den musikalischen Fortschritten des Sohnes; daß er einmal Lehrer werden würde, stand für ihn unverrückbar fest. Dabei konnten ihm solche Kenntnisse nur von Vorteil sein. Vor allem aber sollte er eine gründliche Allgemeinbildung erhalten. Als im Sommer 1808 eine Hofsängerknabenstelle im k. k. Stadtkonvikt frei wurde, bewarb sich Franz Theodor für den nun Elfjährigen um einen Platz. Damit waren der Besuch des Akademischen Gymnasiums, die Mitwirkung in der Hofkapelle und weitere Vorteile verbunden. Das Kameralamt trug alle Kosten für die Sängerknaben während ihrer Konviktszeit; für weitere Ausbildung nach dem Stimmbruch wurde gesorgt, wenn der betreffende Schüler den wissenschaftlichen Ansprüchen genügte.

Das Stadtkonvikt

Das k. k. Stadtkonvikt und die Universität hatten jahrhundertelang den Jesuiten unterstanden. Im Zuge der Säkularisierung waren außer zahlreichen Klöstern auch Konvikte durch Josef II. aufgehoben worden. Franz I. ließ diese wieder herstellen. Die Leitung des Stadtkonviktes wurde nun dem Piaristenorden übertragen; die zehn Sängerknaben der Hofkapelle und acht Sänger der »Kirche am Hofe« gehörten zu seinen Insassen. Sie wurden vom kaiserlichen Kameralamt unterhalten, andere Zöglinge von verschiedenen wohltätigen Stiftungen. Außerdem gab es noch die eigentlichen Alumnen, die sich durch Zahlung eines Kostgeldes selber erhielten. Unter ihnen befanden sich auch Studenten der Universität, die dem Konvikte gegenüberlag. Im ganzen hatte dieses ungefähr 130 Insassen. Die Sängerknaben besuchten das Akademische Gymnasium; es bestand aus vier Grammatical- und zwei Humanitätsklassen sowie zweien für Philosophie; Schubert hatte die erste Humanitätsklasse absolviert, als er ausschied. Bereits von der 4. Grammaticalklasse an wurde Griechisch gelehrt. Es gab im Konvikt sieben Präfekten;

jedem unterstand eine der sogenannten »Kameraten«, die sich aus dem Wohn- und Studierzimmer der Schüler und dem Zimmer des Präfekten zusammensetzten. Dieser hatte für seine Schülergruppe zu sorgen, war als Professor am Gymnasium beschäftigt und zugleich Korrepetitor seines Fachs.

Die Direktion des Internats hatte zu Schuberts Zeit Dr. Franz Innocenz Lang, Rektor der benachbarten Universitätskirche, später auch der Universität. Ein hagerer, ernster Mensch, der, ohne eigentlich musikalisch gebildet zu sein, eine große Passion für alle Musikaktivitäten entfaltete. In den Satzungen des Konviktes hieß es:

»Die Musik soll nicht nur als ein Bildungsmittel des ästhetischen Sinnes und als eine der unschuldigsten und edelsten Unterhaltungen, sondern auch als ein wenigstens für einen größeren Teil der Zöglinge wesentlicher Gegenstand der Bildungsanstalt angesehen werden.«

Diese Vorschrift lag Dr. Lang besonders am Herzen. Er unterstützte die Gründung eines Schülerorchesters durch den Hoforganisten Wenzel Ruzicka, an dem sich außer den Sängerknaben auch erwachsene Alumnen beteiligten, und wohnte den allabendlichen Übungen bei, die der pädagogisch sehr interessierte Ruzicka leitete. Dieser erteilte außerdem verschiedenen Schülern Einzelunterricht im Viola- und Cellospiel sowie im Generalbaß. An den Abenden wurde gewöhnlich eine Sinfonie und zum Abschluß »eine rauschende Ouvertüre« gespielt. Für Instrumente, Saiten, gelegentlich auch Musikunterricht sorgte Direktor Lang aus eigener Tasche. Das Konviktsorchester erfreute sich eines guten Rufes; wenn im Sommer bei geöffnetem Fenster geprobt wurde, sammelten sich manchmal so viele Hörer auf der Straße an, daß der Verkehr ins Stocken geriet und der gegenüberwohnende Mechanikus Hanacek sämtliche verfügbaren Stühle für die Damen auf die Straße herausstellte.

Ferdinand Schubert hat berichtet, wie sein kleiner Bruder bei der Aufnahmeprüfung abschnitt: »Der Knabe trug einen lichtblauen, weißlichen Rock, so daß sich die übrigen Leute samt den anderen Kindern, die auch ins Konvikt aufgenommen werden sollten, untereinander lustig machten. Allein der Schulmeistersohn erregte nicht nur durch seinen weißen Gehrock, sondern bei den Hofkapellmei-

Franz Schuberts Lieblingsbruder, der um drei Jahre ältere Ferdinand, wurde Schullehrer wie der Vater.
Unvollendetes Ölbild vom Neffen des Komponisten

stern Salieri und Eybler und bei dem Singemeister Korner durch sein sicheres Treffen der ihm vorgelegten Probegesänge Aufsehen.«

Franz mußte sich nun zum erstenmal von Eltern und Geschwistern trennen, das war hart; aber ihn tröstete die schöne Konviktsuniform, die er erhielt, besonders die kleine goldene Epaulette auf der linken Achsel. Da er im Kreise gleichaltriger Kameraden und vieler Geschwister aufgewachsen war, fand er in der neuen Umgebung bald Freunde. Das war wichtig, denn im Konvikt ging es streng zu. Es wurde nur sparsam geheizt, die Mahlzeiten waren karg, und die einzige Erholung für die Jungen bildete das »Ballonschlagen im Freyen«. Und wie die Kamerate aussah, in der Schubert mit anderen Schülern wohnte, hat einer seiner späteren Freunde in einem Brief folgendermaßen beschrieben: »Ein staubiges, fast ekles Zimmer, staubige Stiefel, Trinkgläser, Wichshäfen, Hutfutterale, Stiefelhölzer, alte Hosen, lumpige Romane, Töpfchen, Flaschen, Bürsten, Tisch und Kasten voll ... es wird mir so enge, so weinerlich ... wenn ich an Euch Ihr Lieben! denke, wenn ich den freundlichen Himmel sehe, wo jeder Vogel froher als ich sein Dasein verlebt ...«

Auch Franz Schubert hat das Konvikt einmal als »Gefängnis« bezeichnet, und zwar Josef von Spaun gegenüber. Er war neun Jahre älter als der kleine Schubert, lebte seit 1805 im Konvikt und studierte Jura an der gegenüberliegenden Universität. Im Laufe der Jahre wurde er einer der treuesten, verständnisvollsten Freunde. Bei den abendlichen Orchesterübungen machte er folgende Beobachtungen:

»Ich saß der erste bei der 2. Geige, und der kleine Schubert spielte hinter mir stehend aus demselben Notenblatt. Sehr bald nahm ich wahr, daß mich der kleine Musikant an Sicherheit des Taktes weit übertreffe. Dadurch auf ihn aufmerksam gemacht, bemerkte ich, wie sich der sonst still und gleichgültig aussehende Knabe auf das lebhafteste den Eindrücken der schönen Sinfonien hingab. Die Adagios der Haydnschen Sinfonien bewegten ihn auf das innigste, und von der ›Sinfonie in g-Moll‹ von Mozart sagte er oft zu mir, daß sie ihn erschüttere, ohne daß er eigentlich wisse, warum; das Menuett erklärte er für hinreißend, und im Trio dünke ihm, die Engel sängen mit. Die ›Sinfonien in D-Dur‹ und ›B-Dur‹ von Beethoven steiger-

Josef von Spaun war Schuberts ältester und treuester Freund. Er erlebte die musikalische Entwicklung des jugendlichen Franz im Stadtkonvikt mit, in dem er damals als Jurastudent wohnte.
Lithographie nach einem Gemälde von Leopold Kupelwieser

ten sein Entzücken auf das höchste. Später gab er der ›c-Moll-Sinfonie‹ noch den Vorzug.

Ich fand ihn einmal allein im Musikzimmer am Klavier sitzen, das er mit seinen kleinen Händen schon ganz artig spielte ... Auf meine freundliche Aufforderung spielte er mir ein Menuett von seiner eigenen Erfindung. Er war dabei scheu und schamrot, aber mein Beifall erfreute ihn. Er sagte mir, daß er heimlich öfter seine Gedanken in Noten bringe, aber sein Vater dürfe es nicht wissen, da er es durchaus nicht wolle, daß er sich der Musik widme.«

Josef von Spaun mußte im Herbst 1809 Wien verlassen, um Praktika in Linz zu absolvieren; er kehrte erst im März 1811 zurück. Wie so viele seiner Landsleute war er grundmusikalisch; Dr. Lang hatte ihn zum Musikdirektor des Konviktsorchesters gemacht. Spaun kümmerte sich um jeden der jungen Mitspieler und ging auf ihre Wünsche und Sorgen ein. Schuberts Bitten galten meist dem Notenpapier, von dem er nie genug bekommen konnte; Spaun versah ihn damit. Um Noten für das Schülerorchester anschaffen zu können, für die es an Geld fehlte, hat Spaun manchmal buchstäblich gehungert. Seine Ferienreise nach dem heimatlichen Linz mußte er einmal sogar zu Fuß bewältigen, weil die für die Postfahrt bestimmten Gulden bei der Anschaffung zweier Beethoven-Sinfonien draufgegangen waren!

Zu Beginn des 19. Jahrhunderts stand Wien im Zeichen politischer Unruhe. Als Schubert acht Jahre alt war, wurden die alliierten Heere von den Franzosen geschlagen und der unglückliche Friede von Preßburg geschlossen. Not, Kriegssteuern und Bedrückungen aller Art folgten. Als Franz die erste Grammatical-Klasse besuchte, belagerte Napoleon zum zweiten Mal Wien. Einer von Schuberts späteren Freunden, der Dichter Eduard von Bauernfeld, erinnerte sich, wie er als kleiner Junge während der Beschießung in den Keller flüchten mußte und was weiter geschah.

»Wien kapitulierte am nächsten Morgen und die Franzosen mit ihren deutschen Verbündeten besetzten die Residenz. In der Physiognomie der Stadt mochte sich wohl noch der Schrecken der letzten Nacht ausprägen, doch hatte Wien durch die Bomben und Granaten nicht beträchtlich gelitten... In unserm Wohnhaus war nur der Dachstuhl abgebrannt, und eine Dach-, zugleich Rumpelkammer, gähnte halb offen. Bei dem Durcheinander der nächsten Tage, bei all dem Einquartieren und Requirieren der fremden Truppen wurde auf uns Kinder wenig geachtet, auch die Lehrstunden waren eingestellt. So schlich ich, mir selbst überlassen, in die einsame Kammer, die voll Hausrat lag. Durch die scheibenlosen Fenster lachte der blaue Himmel herein und eine goldene Maiensonne blitzte munter auf Schutt und geschwärzte Balken. Meine forschenden Blicke fielen bald auf einen Wandschrank ... die Türen waren weit klaffend aufgesprungen, und die Bücher standen offen und frei in anlockender Reihe. Da gab es köstliche Speise... Ich saß auf einem der brandigen Balken und las – ›Götz‹, ›Egmont‹, ›Clavigo‹ ... So hatte ich, noch nicht acht Jahre alt, bereits von dem Baume der Erkenntnis genascht.«

Auch das Konvikt wurde unmittelbar betroffen, darüber hat Josef von Spaun berichtet: »Am 12. Mai abends 9 Uhr fing das Bombardement der Stadt an... Es war ein prächtiger Anblick, die glühenden Kugeln in Bogen am nächtlichen Himmel vorüberfliegen zu sehen, während die vielen Feuersbrünste in der Stadt den Himmel röteten... Plötzlich knallte es im Hause selbst, indem eine Haubitzgranate auf das Konviktsgebäude gefallen war. Dieselbe durchschlug alle Stöcke, bis in den ersten, und platzte im Zimmer des Präfekten Walch, der gerade den Schlüssel umdrehte, um einzutreten. Es war ein großes Glück, daß zufällig die Präfekten in allen drei Stöcken nicht in ihren Zimmern waren ...«

Doch noch auf andere Weise brach nationale Unruhe ins Konvikt ein. Trotz eines Verbotes hatten sich zahlreiche der studierenden Alumnen zur Verteidigung Wiens gemeldet; auch Josef von Spaun befand sich unter diesen. Auf allerhöchsten Befehl wurden sie energisch zurückgerufen und danach mehrere Tage im Konvikt eingesperrt. Die Folgen des verlorenen Krieges und der Besatzung durch die feindlichen Truppen waren Lebensmittelknappheit und Arbeitslosigkeit, denen Verarmung und Inflation folgten. Als diese durch das Finanzpatent von 1811 behoben wurde, zerbrachen viele Existenzen: Das Papiergeld wurde auf ein Fünftel des bisherigen Wertes festgesetzt.

Auch Ludwig van Beethoven bekam die negativen Auswirkungen dieser Regelung zu spüren, da der ihm vom Wiener Adel zuerkannte Ehrensold durch diese Maßnahme zusammengeschmolzen war.

Daß der Hunger dem heranwachsenden Schubert in diesen schlechten Jahren oft zu schaffen machte, erfahren wir aus einem Brief, den er im November 1812 an seinen Lieblingsbruder Ferdinand schrieb:

»Gleich heraus damit, was mir am Herzen liegt, und so komme ich eher zu meinem Zwecke, und Du wirst nicht durch liebe Umschweife lange aufgehalten. Schon lange habe ich über meine Lage nachgedacht und gefunden, daß sie im Ganzen genommen zwar gut sei, aber doch noch hier und da verbessert werden könnte; Du weißt aus Erfahrung, daß man doch manchmal eine Semmel und ein paar Äpfel essen möchte, um so mehr, wenn man nach einem mittelmäßigen Mittagsmahle, nach achteinhalb Stunden erst ein armseliges Nachtmahl erwarten darf. Dieser schon oft sich aufgedrungene Wunsch stellte sich nun immer mehr ein, und ich mußte nolens volens endlich eine Abänderung treffen. Die paar Groschen, die ich vom Herrn Vater bekomme, sind in den ersten Tagen beim Teufel, was soll ich dann die übrige Zeit tun? Die auf Dich hoffen, werden nicht zu Schanden werden. Matthäus: Cap. 3, V. 4. So dachte auch ich. – Was wär's denn auch, wenn Du mir monatlich ein paar Kreuzer zukommen ließest. Du würdest es nicht einmal spüren, indem ich mich in meiner Clause für glücklich hielte und zufrieden sein würde. Wie gesagt, ich stütze mich auf die Worte des Apostels Matthäus, der da spricht: wer zwei Röcke hat, der gebe einen den Armen etc. Indessen wünsche ich, daß Du der Stimme Gehör geben mögest, die Dir unaufhörlich zuruft

Deines
Dich liebenden, armen, hoffenden
und nochmals armen Bruders
Franz zu erinnern.«

Die Bibelstellen, die der hungrige Junge so eindrucksvoll anwendet, stimmen übrigens nicht!

»Der hat's vom lieben Gott«

Die ungewöhnliche Begabung des jungen Franz Schubert war nicht nur seinen Kameraden aufgefallen. In kurzer Zeit war er von den zweiten zu den ersten Geigen des Konviktsorchesters aufgerückt und von Wenzel Ruzicka zu seinem Stellvertreter ernannt worden. Franz dirigierte also, wenn dieser verhindert war, das kleine Orchester, und die zum Teil erheblich älteren Musikanten respektierten ihn. Der Kontrapunktunterricht bei Ruzicka verlief ähnlich wie seinerzeit bei Michael Holzer: »Den kann ich nichts lehren, der hat's vom lieben Gott gelernt«, sagte der erfahrene Pädagoge.

Damals hatte Schubert schon häufig in der »sibirischen Kälte« des meist ungeheizten Musikzimmers, in dem nur Musikbegeisterte längere Zeit aushielten, interessierten Mitschülern aus seinen Kompositionen vorgespielt. Einer von ihnen, Albert Stadler, etwas älter als Schubert und später Sekretär des Linzer Musikvereins, beschrieb ihn beim Komponieren: »Sehr selten bediente er sich dabei des Klaviers. Er sagte öfters, es würde ihn dies aus dem Zuge bringen. Ganz ruhig und wenig beirrt durch das im Konvikt unvermeidliche Geplauder und Gepolter seiner Kameraden um ihn her saß er am Schreibtischchen vor dem Notenblatte und Textbuche niedergebeugt – er war sehr kurzsichtig – biß in die Feder, trommelte mitunter prüfend mit den kurzen Fingern und schrieb leicht und flüssig ohne viel Korrekturen fort, als ob es gerade so und nicht anders sein müßte.« In dieser Zeit, in dieser Umgebung begann Schuberts langer hartnäckiger Weg durch die damals gebräuchlichen musikalischen Formen. Das erste erhaltene Werk aus dem Jahre 1810 ist eine ›Klavierfantasie zu 4 Händen‹, das erste erhaltene Lied des Vierzehnjährigen ›Hagars Klage‹, Nachformung einer Zumsteegschen Komposition, in der sich schon Andeutungen des späteren Schubert finden.

Das Klavierlied war zu Beginn des 19. Jahrhunderts eine Angelegenheit der Hausmusik, zum Vom-Blatt-Singen für Laien bestimmt. Die beliebtesten Lieder jener Zeit waren Strophenlieder, deren Melodien den wechselnden Inhalten der Texte unterlegt wurden. Mozart und Haydn haben nur wenige Lieder komponiert – ersterer das einmalige, neue Wege vorausnehmende ›Veilchen‹ von Goethe. Beethovens wichtigster Beitrag, der in sich geschlossene Zyklus ›An die ferne Geliebte‹, erschien erst 1816. Schubert befand sich auf der Suche nach einer Liedgestaltung, wie sie ihm vorschwebte, auf unerschlossenen Pfaden. Er mußte Neuland betreten. Die Kompositionen Johann Rudolf Zumsteegs halfen ihm, den Weg dorthin zu finden. In Kreisen der Musikliebhaber waren sie damals überaus beliebt. Seine ›Lieder und kleinen Balladen‹ suchten bereits die Atmosphäre der Dichtung zu erfassen; die enge Liedform wurde durch dramatische, rezitativ-ähnliche Partien erweitert und aufgelockert.

Der junge Schubert konnte in diesen Gesängen, wie er sagte, tagelang schwelgen. Von besonderer Bedeutung war, daß Zumsteeg in ihnen den ganzen Kreis der Lyrik jener Jahre ausgeschritten hatte. Schubert lernte dadurch Verse von Klopstock und Bürger, Hölty, Matthisson, Schiller, Kosegarten und vor allem Goethe kennen. Von diesem Zeitpunkt an hat er mit und in Dichtungen gelebt. Sein leidenschaftliches Musizieren und Komponieren wurde bald auch dem Hofkapellmeister Salieri bekannt, der mit den Sängerknaben die liturgischen Werke für den Gottesdienst einstudierte. Er erklärte sich bereit, Schubert zweimal wöchentlich unentgeltlichen Kompositionsunterricht zu erteilen: »Eine besondere Vergünstigung, deren sich kein Genosse rühmen konnte.« Der Unterricht fand in der Wohnung des Hofkapellmeisters statt, Spiegelgasse Nr. 1154 der Inneren Stadt. Schubert durfte allein dorthin gehen; es war den Schülern sonst streng verboten, das Konvikt ohne Begleitung zu verlassen. Salieris Kunstauffassung wurzelte noch ganz im Zeitalter der italienischen Musik vor Mozart. Er legte Wert auf Wohlklang, Schönheit der Linien, Makellosigkeit der Form. Neben zahlreichen italienischen Werken lernte sein Schüler auch Glucks Opern durch ihn gründlich kennen. Schuberts kompositorische Gewandtheit erweiterte sich, die verschiedensten Formen und Stilarten wurden ausprobiert. Trotz mancher Meinungsverschiedenheit zwischen Lehrer und Schüler, die besonders die Wahl der von Schubert bevorzugten deutschen Texte betraf, hat Salieri seine Begabung anerkannt und freundlich gefördert. Schubert hat den Unterricht auch nach dem Austritt aus dem Konvikt fortgesetzt und sich noch längere Zeit als »Schüler von Salieri« bezeichnet.

Im Jahre 1812 war es zu den erwähnten Auseinandersetzungen mit dem Vater gekommen. Er hatte die wissenschaftlichen Schulleistungen des Sohnes beanstandet und schließlich ein Exempel statuiert: Für eine Zeitlang verbot er dem Jungen das Haus. Es war eine harte Maßnahme, denn Franz hing mit kindlicher Zuneigung an den Geschwistern und mit besonderer Liebe an seiner Mutter. »Er bewies in seinem ganzen Betragen, daß seine Mutter mit großer Sorgfalt und mütterlicher Zärtlichkeit den Grund zur Religiosität und Rechtschaffenheit legte und sein jugendliches Herz hiervon erfüllte«, berichtet der Konviktsgenosse Karl Gegenbauer. Die sonntäglichen Besuche zu Haus, stets von gemeinschaftlichem Quartettspiel gekrönt, bedeuteten für Franz höchstes Glück. Zwei der Brüder spielten Geige, er Bratsche, der Vater das Cello. Kam ein Fehler bei ihm vor, so sagte der Jüngste mit allem schuldigen Respekt: »Herr Vater, da muß etwas gefehlt sein!« Worauf der Fehler widerspruchslos korrigiert wurde.

Das pädagogische Experiment des Schullehrers endete tragisch. Während des Hausverbots starb die Mutter an Typhus – derselben Krankheit, die später auch als Todesursache Franz Schuberts galt. Er hat diesen frühen Verlust nie verwunden, obwohl der Tod den Menschen damals vertrauter war als heute. Der Fünfzehnjährige war ihm schon oft begegnet; die Lebensspanne manches Neugeborenen war nur kurz, und gegen zahlreiche schwere Krankheiten gab es noch keine Mittel. Das mag die Textwahl mancher frühen Lieder von Schubert beeinflußt haben; Todesgedanken kommen in ihnen häufig zum Ausdruck. Auch in späteren und reiferen Liedern finden wir Stimmungen endgültigen Abschieds, meist von sanfter Wehmut getragen, wie in den Liedern ›Todesmusik‹, ›Schwanengesang‹ und, am ergreifendsten, in ›Der Tod und das Mädchen‹.

Der Vater versöhnte sich nach diesem Ereignis wieder mit Franz, der nun fünfzehn Jahre alt war: ein halbes Kind – und schon ein tüchtiger Musikant. Von den Konviktsgenossen gibt es zahlreiche Berichte über sein unermüdliches Komponieren, sein wachsendes satztechnisches Können, seine Besessenheit, sich an immer neuen Formen zu erproben. Besonders eindringlich hat der gleichaltrige Georg Franz Eckel beschrieben, wie Schubert damals auf seine Umgebung wirkte. Eckels Erinnerungen sind für uns wertvoll, da sich in ihnen die exakte Beobachtung des späteren Arztes mit dem frühen Verständnis für die Eigentümlichkeiten dieses hochbegabten Freundes mischt.

»Auf den gemeinsamen Spaziergängen der Zöglinge hielt er sich meist abseits, ging mit gesenktem Blicke, die Hände auf den Rücken gelegt, mit den Fingern (wie auf Tasten) spielend, ganz in sich gekehrt, sinnend einher... Alle achteten ihn wegen seines schon damals kundgegebenen außerordentlichen Musiktalentes, und wenn auch damals nur wenige von seinen im Konvikt komponierten Liedern wußten, so kannten doch alle seinen Wert als erster Sopransänger der Hofkapelle, als erster Violinspieler und Subdirigent.«

Eckel, der seine Notizen erst lange nach Schuberts Tod niederschrieb, erinnert sich auch der äußeren Erscheinung sehr genau.

»Die Gestalt klein, aber stämmig, mit stark entwickelten Knochen und strammen Muskeln, ohne Ecken, mehr gerundet ... Hände und Füße klein; der Gang lebhaft und kräftig. Den ziemlich großen, runden und derben Schädel umwallte ein braunes, üppig sprossendes Lockenhaar. Das Gesicht, in welchem Stirn und Kinn vorherrschend entwickelt waren, zeigte weniger eigentlich schöne als vielmehr ausdrucksvolle, derbe Züge. Das sanfte, wenn ich nicht irre, lichtbraune, bei Erregung feurig leuchtende Auge war durch ziemlich vorspringende Augenbögen und buschige Brauen stark beschattet und durch häufiges Zusammenkneifen der Lider, wie es bei Kurzsichtigen vorzukommen pflegt, anscheinend kleiner, als es wirklich war. Nase mittelgroß, stumpf, etwas aufgestülpt, mit einer sanften Einwärtsschweifung in die vollen, üppigen ... und meist geschlossenen Lippen verbunden. Am Kinn das sogenannte Schönheitsgrübchen. Die Gesichtsfarbe blaß ... Ein lebhaftes Mienenspiel als Ausdruck der inneren Erregung ...«

Der sechzehnjährige Franz Schubert, von Leopold Kupelwieser gezeichnet (angezweifeltes Bildnis). Kupelwieser besuchte damals mit dem Bruder Karl Schubert die Kunstakademie. Er wurde ein enger Freund Franz Schuberts.

Diese Beschreibung entspricht fast genau dem Bild des sechzehnjährigen Franz Schubert von Leopold Kupelwieser, dessen Authentizität angezweifelt wird. Aber Kupelwieser war Kommilitone von Schuberts Bruder Karl auf der Kunstakademie; es ist denkbar, daß er durch diesen in das Schulmeisterhaus kam und dort auch Musik von Franz kennenlernte. Auch Kupelwieser war musikalisch.

Nur wenige der Mitschüler aus dem Konvikt, die Schuberts unermüdliches Komponieren und Experimentieren miterlebt haben, sind später Musiker geworden. Die meisten rückten in gesicherte gesellschaftliche Positionen ein, die ihnen von Hause aus vorgeschrieben waren: Sie wurden Beamte, Universitätsprofessoren, Hofräte und Geschäftsleute. Doch fast keiner hat den Konviktsgenossen von damals ganz aus den Augen verloren, keiner auch die Beziehung zur Musik aufgegeben. Manche begannen schon früh, Schuberts oft so unachtsam umhergestreute Kompositionen, oder Abschriften von ihnen, zu sammeln. Und bereits in diesen frühen Jahren zeigte sich ein Phänomen: Von dem kleinen, stillen, äußerlich ganz unauffälligen Musikanten ging eine Faszination aus, die alle Temperamente, Charaktere und Altersgruppen anzog. In seiner stillen Art war schon der Fünfzehnjährige Mittelpunkt eines Freundeskreises – wie er von klein auf der Mittelpunkt seiner Geschwister gewesen ist.

»Zugelassen als Schulgehilf«

1812 begann Schuberts Stimme zu mutieren. Eine Zeitlang wirkte er noch als Altist in der Hofkapelle mit, schließlich mußte er ausscheiden. Auf der 4. Altstimme einer Messe von Peter von Winter steht in seiner Handschrift der lapidare Satz: »Schubert Franz zum letzten Mahl gekräht den 26. July 1812.«

Seine musikalische Arbeit ging unermüdlich weiter. Er wirkte im abendlichen Orchesterspiel mit, er übte Klavier, er komponierte. Er besuchte weiter das Akademische Gymnasium, letzteres ohne rechte Lust. Als ihm von »Seiner Majestät allergnädigst« ein Platz der Meerfeldischen Stiftung in Aussicht gestellt wurde, falls er seine Noten in Mathematik verbessern könne, verzichtete er lieber. Immerhin hat der Kaiser vom Herbst 1808 bis zu seinem Austritt 1813 etwa 1500 Gulden Wiener Währung für Franz Schubert ausgegeben. Dem Konviktsdirektor Lang widmete Schubert zum Abschied eine Sinfonie, dem Konviktsorchester ein ›Oktett für Blasinstrumente‹ mit übermütiger Nachschrift:

»Fine mit'n Quartett, welches gecomponiret hat Franzo: Schubert Kaplmaster der kais. chinesischen Hofkappehle zu Nanking, der weltberühmten Residenz von Sr. Chinesischen Mayestät. Geschrieben zu Wien in an Datum, das i nit waß, in an Jahr, das an 3 am End hat, u. an Anser im Anfang, u. nachher an Ochter u. wieder an Anser: Heißet also: 1813.«

Im Herbst 1813 verließ Franz das Internat, in dem er fünf Jahre gelebt, gelernt, menschliche Erfahrungen gesammelt und sich zu einem vielseitigen jungen Musikanten entwickelt hatte. Durch die Tätigkeit als Sängerknabe waren ihm die bedeutendsten Kirchenmusikwerke deutscher und italienischer Meister vertraut geworden, das abendliche Studium hatte ihm die Orchesterliteratur bis zu Beethovens ersten Sinfonien nahegebracht. Als Klavierspieler hatte er sich technisch weiter vervollkommnet, ohne pianistischen Ehrgeiz zu entfalten. Zahlreiche eigene Werke waren entworfen und zum Teil auch ausgeführt worden. Außer einer ersten Sinfonie hatte er kirchliche Kompositionen, Klavierstücke, Lieder und Streichquartette geschrieben, letztere für das häusliche Musizieren gedacht. Die meisten dieser frühen Werke folgen Modellen, die der Vor-Mozartischen Zeit angehören; auch italienische Anregungen werden darin spürbar. Alle diese Formen waren erlernbar, waren praktikabel, und in manchen von ihnen wird hier und da schon ein eigener musikalischer Ausdruck erkennbar. Doch mußte der junge Musiker eine längere Entwicklung durchlaufen, ehe er seinen endgültigen Weg fand. Daran arbeitete er von früh an unermüdlich; heute würde man sagen: er experimentierte. Der Durchbruch gelang ihm zuerst auf dem Gebiet des Liedes, einem Gebiet, das im musikalischen Wettbewerb jener Zeit kaum Beachtung fand.

Das Konvikt hatte Schubert eine gute Allgemeinbildung einschließlich der Grundbegriffe alter Sprachen vermittelt; er verfügte bereits über eine für seine Jugend ungewöhnliche Kenntnis der Lyrik, nicht nur der zeitgenössischen. Dazu hatte die Hilfsbereitschaft der Freunde, ihr unermüdliches Forschen nach brauchbaren Texten, wesentlich beigetragen.

Auch hatte Schuberts Sprachgefühl sich geschärft, der Sinn für das Lied, wie es ihm vorschwebte, sich verfeinert. Und er war erst sechzehn Jahre alt!

Zur Freude seines Vaters besuchte Franz nach dem Ausscheiden aus dem Konvikt die Lehrerbildungsanstalt der »Normal-Hauptschule« in der Anna-Gasse. Sie war mit der »Akademie der Bildenden Künste« zusammen im ehemaligen Jesuitenkloster St. Anna untergebracht.

Das Abgangszeugnis des Präparanden Schubert vom 19. August 1814 sah folgendermaßen aus:

Theoretische Kenntnisse

Grundsätze der Unterweisung	– mittelmäßig
Kurrentschrift	– gut
Latein	– mittelmäßig
Kanzlei	– mittelmäßig
Rechtschreibung	– gut
Aussprache	– gut
Deutsche Sprachlehre	– gut
Rechenkunst	– gut
Religionslehre	– mittelmäßig

Praktische Kenntnisse

Buchstabenkennen	– gut
Buchstabieren	– gut
Lesen	– gut
Rechtschreiben	– gut
Diktando-Schreiben	– gut
Deutsche Sprachlehre	– gut
Rechenkunst	– mittelmäßig
Religion	– schlecht
Fleiß	– fleißig

Anmerkungen: zugelassen als Gehilf

Und als solcher, mit einem Jahresgehalt von 80 Gulden, trat Franz nun in die Schule des Vaters ein und mußte die sogenannte »Taferlklasse«, die Abc-Schützen, unterrichten. Ein sehr verständnisvoller Lehrer ist er bestimmt nicht gewesen. »Stets wenn ich dichtete«, sagte er später einem Freunde, »ärgerte mich diese kleine Bande so sehr, daß ich regelmäßig aus dem Konzept kam. Natürlich verhaute ich sie dann tüchtig.«

Die Kontakte zu den ehemaligen Schulfreunden blieben bestehen und wurden weiter gepflegt. Er besuchte sie in den Freistunden, manchmal auch sonntags, und da das nicht gern gesehen wurde, sperrten die Freunde ihn dann in ihrem Zimmer ein, während sie den Nachmittagsgottesdienst absolvieren mußten. Sie gaben ihm Notenpapier und Gedichtbände, und Schubert komponierte in der Zwischenzeit. Übrigens waren auch ihre Gegenbesuche in der Säulengasse nicht sehr erwünscht. Der Vater hatte wieder geheiratet, und mit der Stiefmutter verstand Franz sich sehr gut; aber bald wuchsen kleine Stiefgeschwister heran, das Schulmeisterhaus war eng und der Unterricht durfte keinesfalls gestört werden. Auch fürchtete der Vater, Franz könne durch die Freunde von den Privatlektionen abgehalten werden, mit denen er sich einen zusätzlichen Verdienst schaffen sollte.

Von den Freunden der Konviktszeit blieb ihm vor allem Josef von Spaun auch jetzt zur Seite. Er hat die künstlerische und menschliche Entwicklung seines ehemaligen Schützlings mit nie nachlassendem Verständnis begleitet. Er war es auch, der ihm noch während der Konviktszeit den ersehnten Besuch der Oper ermöglichte; bis zu seinem fünfzehnten Lebensjahr hatte Schubert noch kein musikdramatisches Werk gehört. Sie gingen in den Herbstferien zusammen in Weigls ›Schweizerfamilie‹, Glucks ›Iphigenie auf Tauris‹, in ›Die Vestalin‹ von Spontini, den ›Wasserträger‹ von Cherubini, Mozarts ›Zauberflöte‹ und ›Figaros Hochzeit‹. Natürlich saßen sie auf dem billigsten Platz, der Galerie. Schubert erfaßte die Substanz, den Stil, das Einmalige einer Musik, einer Interpretation mit allen Sinnen, er konnte sich leidenschaftlich begeistern oder erregen, manchmal beides gleichzeitig: insofern ein echter Wiener. Als Josef von Spaun einmal mit ihm und dem Dichter Mayrhofer Glucks ›Iphigenie auf Tauris‹ gehört hatte, gingen die drei jungen Leute hinterher in das Lokal Blumenstöckl im Ballgaßl, um dort zu soupieren.

»Als wir auch dort unserm Entzücken freien Lauf ließen, gefiel es einem dort anwesenden Universitätsprofessor, uns darüber zu höhnen. Er rief laut, die Milder habe gekräht wie ein Hahn, sie könne gar nicht singen, da sie weder Läufe noch Triller zu machen verstehe, und es sei eine wahre Schande, sie als Primadonna zu engagieren, und Orestes (Vogl) habe Füße wie ein Elefant. Schubert und Mayrhofer fuhren wütend auf, wobei Schubert sein gefülltes Glas umstürzte; es kam zu lautem Wortwechsel, der bei der Hartnäckigkeit des Gegners in Tätlichkeiten ausgeartet wäre, wenn uns nicht einige beschwichtigende Stimmen beruhigt hätten. Schubert war dabei glühend vor Zorn, der ihm doch sonst bei seiner milden Gemütsart ganz fremd war.«

Die Eindrücke solcher Opernabende mögen den Wunsch in ihm geweckt haben, sich auch einmal an einer Bühnenmusik zu versuchen. Noch war die Oper, wie zu Mozarts Zeiten, dasjenige Feld, auf dem ein Komponist am schnellsten zu Ruhm und guten Einnahmen gelangen konnte. Allerdings richtete sich das Interesse des Wiener Publikums in erster Linie auf Werke italienischer Meister; vor allem

Rossini galt als Abgott. Wien befand sich jahrelang in einem Rossini-Taumel.

Der Wunsch der Musiker, auf musikdramatischem Gebiet zu reüssieren, war damals ganz allgemein. Er hatte auch Ludwig van Beethoven zeitweilig beherrscht, obwohl den beiden ersten Fassungen seiner ›Leonore‹ – erst 1814 wurde diese Oper in ›Fidelio‹ umbenannt – keine großen Erfolge beschieden waren. Es existiert sogar eine Eingabe von Beethoven an die Direktion des Hoftheaters aus dem Jahre 1807, in der er sich bereit erklärt, »unter angemessenen Bedingungen jährlich wenigstens eine große Oper gegen eine fixe Besoldung zu komponieren, sowie eine kleine Operette oder ein Divertissement, Chöre oder Gelegenheitsstücke nach Verlangen und Bedarf der löblichen Direktion« zu liefern. Ludwig van Beethoven war damals schon ein anerkannter Meister, seine ersten Sinfonien wurden gerühmt, besonders die ›Eroica‹. Sein Antrag an die Hofoper hatte trotzdem keinen Erfolg.

Vom achtzehnten Lebensjahr an hat Schubert mit unermüdlichem Fleiß an Singspielen – Operetten, wie man damals auch sagte – sowie Opern- und Bühnenmusiken gearbeitet, ohne sich auch nur mit einem einzigen dieser Werke durchsetzen zu können. Die meisten Texte, die er in Angriff nahm, waren schwach, hielten sich an bekannte Typen und Klischees. Schubert, selber unerfahren und unsicher auf diesem Gebiet, griff nach solchen Vorlagen, die in der einen oder anderen Vertonung schon Erfolg gehabt hatten. 1814 komponierte er die Musik zu ›Des Teufels Lustschloß‹, einem Text des damals beliebten Theaterdichters August von Kotzebue. E. T. A. Hoffmann hat über einen von seinen 200 Opernentwürfen gesagt, er sei noch nie so musikleer gewesen wie beim Lesen der Oper von Herrn v. K. Ähnlich war es wohl mit dem von Schubert gewählten Text. 1815 komponierte er Theodor Körners reizenden, aber dramatisch unergiebigen ›Vierjährigen Posten‹, ihm folgten ›Fernando‹, ein tränenseliges Buch des Konviktsgenossen Stadler, Goethes Singspiel ›Claudine von Villa Bella‹ – von dem nur ein Akt beendet wurde –, dann ›Die Freunde von Salamanca‹. Dies war ein Singspiel von Johann Mayrhofer, jenem jungen Dichter, den er durch Spaun kennengelernt hatte. Zwei Auftragsarbeiten entstanden erst 1819 und 1820, von ihnen wird noch die Rede sein. Insgesamt hat Schubert 18 Singspiele, Bühnenmusiken und Opern komponiert. Meist wurden die Werke nicht einmal aufgeführt. Obwohl ihre Partituren reich an musikalischen Köstlichkeiten sind, hat keine von ihnen in den vergangenen 150 Jahren wesentliche Erfolge erzielen können. Schuberts dramatische Fähigkeiten lagen auf anderem Gebiet. Sie entzündeten sich an der inneren Spannung eines Textes, nicht an dem konkreten Geschehen.

Eine der interessantesten Persönlichkeiten in Schuberts Umgebung während seiner frühen musikalischen Entwicklung war Johann Michael Senn, fünf Jahre älter als er und gebürtiger Tiroler. Er kam schon 1807 ins Konvikt. Sein Vater spielte in der Auseinandersetzung mit Napoleon als Tiroler Anführer eine Rolle. Josef Kenner, auch er ein Mitschüler, sagte über Senn: »Ein herrlicher, warm fühlender Jüngling von gedrungener Stärke, ein starrköpfiger Philosoph, offen zum Freunde, verschlossen den übrigen, freimütig, heftig, Hasser äußerlichen Zwanges.«

Als im Jahre 1813 die Disziplinarstrafe eines Konviktschülers den Aufstand der Kameraden hervorrief und diese den Eingesperrten mit Gewalt aus der Karzerhaft befreien wollten, war Senn beteiligt, wie auch dessen Landsmann Michael Rueskäfer. Dieser trat danach freiwillig aus dem Konvikt aus. Senn aber verlor zur Strafe seinen Stiftsplatz, »weil er, obschon arm, nicht gegen seine Überzeugung zur Anerkennung der Rechtmäßigkeit jener Strafe sich demütigen konnte. Seine Freisinnigkeit wurde anrüchig, seine Unbeugsamkeit schien gefährlich.« Der Anlaß: Einer der Zöglinge hatte das Abendmahl in Stiefeln statt in Schuhen besucht.

Sechs Jahre später wurde Johann Michael Senn von der Metternichschen Justiz erfaßt. Damals herrschte eine geradezu panische Angst vor »ausländischen Studenten«, worunter man vor allem deutsche Burschenschaftler verstand. Die Ermordung August von Kotzebues durch einen Studenten hatte diese Angst noch gesteigert. Da Senn einer burschenschaftlichen Vereinigung angehörte, galt er von vornherein als verdächtig. Es wurde eine Haussuchung bei ihm vorgenommen und ein Rapport »über das störrische und insultante Benehmen« vorgelegt, das er an den Tag gelegt habe. »Wobey er sich unter anderem der Ausdrücke bediente, er habe sich um die Polizey nicht zu kümmern, dann, die Regierung sey zu dumm, um in seine Geheimnisse eindringen zu können. Dabei sollen seine bey ihm befindlichen Freunde, Schulgehilfe aus der Roßau Schubert und andere ... in gleichem Tone eingestimmt und gegen den amtshandelnden Beamten mit Verbalinjurien und Beschimpfungen losgezogen seyn.«

Die Anführer wurden inhaftiert, Schubert, der sich als Schulgehilfe ausgegeben hatte, obwohl er zu diesem Zeitpunkt längst keiner mehr war, wurde am nächsten Morgen wieder freigelassen. Im Polizeibericht wurde er übrigens zu »den äußerst beschränkten Jungen aus dem hiesigen Mittelstand« gerechnet! Senn aber mußte sein »exzessives Benehmen« mit vierzehn Monaten Untersuchungshaft und der Abschiebung in die Tiroler Heimat büßen. Er durfte nicht nach Wien zurückkehren, konnte sein Studium nicht beenden und mußte sich in wechselnden Berufen kümmerlich durchschlagen. Er wie auch andere der Betroffenen hatten schwere Beeinträchtigungen ihrer Laufbahn hinzunehmen – durch eine im Grunde lächerliche Angelegenheit. Dies ist ein Vorgriff auf spätere Zeiten, er wirft ein Licht auf die Methoden des österreichischen Systems, das, nach der Hochstimmung der Befreiungskriege, mehr und mehr das geistige Leben einzuschnüren begann. Der Urheber der Methode war Metternich, Ausführender sein Polizeidirektor, Josef Graf Sedlnitzky. Er erklärte: »Die Ausbrüche des bösen Geistes im Ausland gebieten uns, Sorge zu tragen, damit unser Staat vor den Greueln des politischen Fanatismus bewahrt bleibe.«

Schuberts Freund Eduard von Bauernfeld hat versucht zu analysieren, worin eigentlich das vielgepriesene »System« bestand: »Es war ein rein negatives: Die Furcht vor dem Geist, die Negation des Geistes, der absolute Stillstand, die Versumpfung, die Verdummung. Der Kaiser war das verkörperte konservative System; auch wars ein eigentlicher Selbstherrscher, nichts geschah ohne, geschweige denn gegen seinen Willen. Dabei griff das Räderwerk wie eine wohlgeordnete Maschine fest ineinander. Es war aber bloße Mechanik, ohne Geist, ohne Seele.«

In dieser Zeit arbeitete Schubert an einer Osterkantate für Soli, Chor und Orchester, ›Lazarus oder die Feier der Auferstehung‹. Es blieb ein umfangreiches Fragment davon erhalten. Der Text ist eine Art feierliche Meditation über den Tod; verschiedene Stimmen biblischer Gestalten bringen Verzweiflung und Hoffnung, Furcht und Glauben zu musikalischem Ausdruck. Ein seltsam düsteres Werk – zugleich eines der interessantesten aus Schuberts Frühzeit. Er nimmt hier Wagnersche Stilmittel voraus: Es gibt Rezitative, die durch leitmotivähnliche, kurze Begleitfiguren instrumentale Unterstützung erfahren, und es kommen kühne harmonische Rückungen und Modulationen vor. Ob Schubert die Kantate aufgab, weil die Aufregung um Senns und seine eigene Verhaftung in ihm nachzitterte oder weil er an der altväterischen Dichtung das Interesse verlor, ist nicht zu ermitteln.

Erlebnis der Dichtung

Als der jugendliche Schubert dem um neun Jahre älteren Josef von Spaun einmal im Konvikt seine neuen Lieder nach Klopstockschen Texten vorsang und dieser die Kompositionen lobte, fragte Schubert ihn, ob er glaube, daß aus ihm etwas werden könne. Und als Spaun versicherte, er sei schon jetzt recht viel, erwiderte sein Schützling kleinlaut: »Zuweilen glaube ich wohl selbst im stillen, es könne etwas aus mir werden – aber wer vermag nach Beethoven noch etwas zu machen!«

Das war die allgemeine Stimmung, die Anschauung aller Musikkenner und -liebhaber in Wien. Beethoven war überragend, ein Titan. Es gab nichts Größeres als ihn. Der Adel beeilte sich, seine Wünsche zu erfüllen. Fürst Rasumowsky unterhielt acht Jahre lang das Schuppanzigh-Quartett, das Beethovens neueste Kammermusikwerke aufzuführen hatte; andere adlige Häuser luden zu Konzerten ein, in denen Werke von ihm vor illustren Gästen gespielt wurden. Zuweilen trug Beethoven sogar selber etwas vor. Auf den Festlichkeiten des Wiener Kongresses wurde er wie ein König behandelt; Fürst Rasumowsky stellte ihn bei einer solchen Gelegenheit den europäischen Monarchen vor. Seine Sinfonien, seine Klavierkonzerte waren Wiener Gesprächsthemen. Er hatte durch seine Unbeirrbarkeit, sein überzeugtes, zuweilen rücksichtsloses Auftreten erreicht, was dem verletzlichen, stolzen, aber niemals fordernden Mozart nicht gelungen war: Er wurde respektiert. Seine Werke waren Fakten. Etwas Unumstößliches.

Siebenundzwanzig Jahre, eine ganze Generation, trennten Schubert von ihm. Als Franz zwei Jahre zählte, erschien Beethovens ›1. Sinfonie‹, als er ins Konvikt eintrat, folgten die ›5.‹ und ›6.‹, die ›Pastorale‹. Als Schubert die Ankündigung der Oper ›Fidelio‹ in ihrer neuen 3. Fassung las, besuchte er noch die Präparandenausbildung von St. Anna. Er lief sofort zu einem Antiquariat und versetzte Bücher, um sich eine Eintrittskarte kaufen zu können; das war 1814. So viel bedeutete dieses Ereignis damals für einen jungen unbekannten Musiker. Und: Beethoven stellte für Schubert eine ständige Beunruhigung, eine Herausforderung dar. In manchen Werken dieser Jahre, so in der ›4. Sinfonie‹, die er »die tragische« nennt, folgt er Beethovens Stil. Es war nicht der seine, und es dauerte lange, ehe ihm bewußt wurde, daß er sich langst auf einem eigenen Weg befand, daß er Beethoven wohl nachahmen konnte – wie er im Verlauf des Unterrichts bei Salieri zahllose andere Modelle nachgeahmt hatte –, daß er ihm aber niemals gleichen würde. Und daß gerade dies, die unbedingte schöpferische Eigenart, das Entscheidende in seiner künstlerischen Entwicklung war.

Schuberts Umgebung hielt seine damaligen Kompositionsversuche für erfreulich, keineswegs für zukunftsweisend. Er hatte zwar eine solide musikalische Ausbildung erhalten, seine theoretischen und instrumentalen Kenntnisse waren für einen jungen Schullehrer beachtlich. Als konzertierender Pianist kam er jedoch nicht in Betracht; er war kein Virtuose und hat dieses Ziel niemals angestrebt. Daher konnte er sich dem großen Publikum auch nicht, wie Mozart, Beethoven, Carl Maria von Weber und später Franz Liszt, als solcher präsentieren. Obwohl er unermüdlich Klavier- und Kammermusikwerke schrieb und die Begleitungen seiner Lieder eine bis dahin unerhörte Differenzierung erfuhren, hat Schubert nie ein Klavierkonzert komponiert. Es ist das einzige Gebiet, auf dem er sich nicht versuchte. Dagegen war die Auseinandersetzung mit der Klaviersonate für ihn unter dem überwältigenden Eindruck Beethovenscher Konzeptionen eine Art geistiger Existenzfrage. Sie kulminierte in den Jahren 1822, 1825 und 1828. Wenige Monate vor seinem Tod entstanden die großen ›Klaviersonaten in c-Moll‹, ›A-‹ und ›B-Dur‹: Bekenntnis und Vermächtnis zugleich. Sie erschienen erst lange nach seinem Tode.

Das Wunderbare und Bewegende seines persönlichen Spiels ist wiederholt und eingehend beschrieben worden. Jedenfalls muß es anders als alles Bisherige gewesen sein. Ferdinand Hiller sagte, als er Schubert einmal mit dem Sänger Michael Vogl zusammen musizieren hörte:

»Beide hatten soviel Leben und Empfindung, gingen so gänzlich auf in ihren Leistungen, daß es unmöglich gewesen wäre, die wunderbaren Kompositionen klarer und zugleich verklärter wiederzugeben. Man dachte weder an Klavierspiel noch Gesang, es war, als ob die Musik gar keines materiellen Klanges bedürfe, als ob die Melodien wie Geistererscheinungen vor vergeistigten Ohren sich offenbarten.«

Dieses Ergreifende, über den materiellen Genuß Hinausführende, wird in all jenen Werken Schuberts spürbar, in denen sich seine Persönlichkeit ungebrochen ausspricht, ungehemmt von theoretischen Vorschriften und Stilvorstellungen der Zeit. Zum ersten Mal erreichte er solche Vollendung mit dem Lied ›Gretchen am Spinnrad‹ aus Goethes ›Faust‹. Er war siebzehn Jahre alt. Er hatte noch nichts »erlebt«. Aber mit nachtwandlerischer Sicherheit gestaltete er das leidenschaftliche Liebesbekenntnis eines ganz jungen Mädchens. Er erfand die unruhige, zugleich monotone Bewegung der Begleitung, die sowohl das Surren des Spinnrads wie Gretchens Empfinden

Das Lied ›Gretchen am Spinnrad‹ komponierte Schubert mit 17 Jahren. Es war der Durchbruch zu einem eigenen Liederstil.

auszudrücken vermag. Er wußte durch winzige Verschiebungen und Pausen, durch den leidenschaftlichen Ausbruch der Stimme bei der Zeile »Und ach! sein Kuß!« wie durch die Wiederholung der ersten Gedichtzeile am Schluß des Liedes den Worten eine erhöhte Bedeutung zu verleihen, das Sprachliche mit der Musik, die Musik mit den Worten zu verschmelzen. Es war das erste Meisterwerk, das er schuf, und es geschah am 19. Oktober 1814.

Einen Tag vor der Komposition des Gretchenliedes stand Schubert auf der Empore der Liechtentaler Kirche und dirigierte seine erste, von kindlicher Gläubigkeit getragene ›Messe in F‹. Sie wurde zur Hundertjahrfeier dieser Kirche aufgeführt. Sein erster Lehrer, Michael Holzer, wirkte als regens chori, sein Bruder Ferdinand als Organist mit; auch Freunde und Konviktsgenossen unterstützten ihn. Franz, der Komponist der Messe, war der jüngste von allen. Der berühmte Salieri soll der Aufführung beigewohnt und seinen Schüler gelobt haben. Das Sopransolo sang die damals sechzehnjährige Therese Grob. Einer der Freunde beschreibt sie so: »Therese war durchaus keine Schönheit, aber gut gewachsen, ziemlich voll, ein frisches kindliches Rundgesicht, sang fertig mit schöner Sopranstimme auf dem Chore in Liechtental.«

Es ist die einzige, von der wir mit Bestimmtheit wissen, daß Schubert sie liebte und gern geheiratet hätte. Ihre verwitwete Mutter besaß ein Haus in Liechtental, sie betrieb ein kleines Seidenwebergeschäft, das später der Sohn Heinrich weiterführte. Wie Therese war auch dieser musikalisch, er spielte Klavier, Orgel und Cello; im Grobschen Hause wurde viel musiziert, Schubert beteiligte sich daran. Zu Anselm Hüttenbrenner sagte er Jahre später:

»Ich habe Eine recht innig geliebt und sie mich auch, sie war ... etwas jünger als ich und sang in einer Messe, die ich komponierte, die Sopransoli wunderschön und mit tiefer Empfindung. Sie war eben nicht hübsch, hatte Blatternarben im Gesicht, aber gut war sie, herzensgut. Drei Jahre lang hoffte sie, daß ich sie ehelichen werde; ich konnte jedoch keine Anstellung finden, wodurch wir beide versorgt gewesen wären. Sie heiratete einen andern, was mich sehr schmerzte. Ich liebe sie noch immer, und mir konnte seitdem keine andere so gut und besser gefallen wie sie. Sie war mir halt nicht bestimmt.«

Das ist alles, was wir über Therese Grob wissen; es gibt kein Bild von ihr aus jenen frühen Jahren, keine wesentlichen Angaben über sie. Es gibt nur die Musik, die Franz Schubert damals geschrieben hat. Sie verrät mehr, als Bilder und Beschreibungen jemals aussagen könnten.

Übrigens hat sich Schubert in dieser Zeit um eine Musiklehrerstelle an der Deutschen Normalschul-Anstalt zu Laibach beworben. Das Gehalt war relativ hoch, jährlich 450 Gulden aus dem Provinzialfonds, dazu 50 Gulden aus dem Normalschulfonds. Es wurde von jenem Institut ein Lehrer gesucht, der »nebst einer ausgezeichneten guten Konduite, ein gründlich gelernter Sänger, Organist und ein ebenso guter Violinspieler sein, dann nicht nur die nötigsten Kenntnisse aller gewöhnlichen Blasinstrumente besitzen, sondern auch die Fähigkeit haben muß, anderen Unterricht darin zu erteilen.

Dieser Musiklehrer wird während des Schuljahres, mit Ausnahme der Sonn- und gebotenen Feiertage, seinen Schülern täglich durch drei Stunden und nebstbei auch den Landschulkandidaten während ihres sechsmonatigen Präparandenkurses dreimal in der Woche, jedesmal wenigstens durch eine Stunde Musikunterricht erteilen ... nebstbei den Rang eines Normalschullehrers haben und zugleich befugt sein, die übrigen Stunden dem Privatunterricht, keineswegs aber solchen Beschäftigungen zu widmen, wodurch das Ansehen eines öffentlichen Lehrers gefährdet werden könnte.«

Ob Schubert unter diesen Umständen viel zum Komponieren gekommen wäre? Seine Bewerbung blieb jedenfalls erfolglos.

Die Aufführung der Messe hatte Schubert nicht nur den Zuspruch der Freunde, das Lob der Fachleute eingebracht. Auch der Vater war glücklich über seinen Erfolg und belohnte ihn mit einem kleinen fünfoktavigen Klavier. Eine Zeit größter Produktivität folgte. Im Jahre 1815 vertont Schubert mehr als 150 Gedichte, darunter eine große Zahl derjenigen, die für immer mit seinem Namen verbunden bleiben sollten. *Das* große, bewegende Erlebnis dieser Zeit wurde für ihn Goethe. Es ist, als hätte das Wunder seiner Sprache, seiner weitgespannten lyrischen Welt bisher unbekannte schöpferische Kräfte in Schubert entzündet, als wäre er erst durch diese Erfahrung fähig geworden, ganz er selber zu sein. Es entstanden in diesem Jahr 27 Goethelieder, darunter Herrlichkeiten wie ›Rastlose Liebe‹, ›Meeresstille‹, ›Wanderers Nachtlied‹, ›Erster Verlust‹, ›Heidenröslein‹, ›An den Mond‹ und, im Oktober 1815, der ›Erlkönig‹. Spaun schilderte, wie es dabei zuging:

»An einem Nachmittag ging ich mit Mayrhofer zu Schubert, der damals bei seinem Vater am Himmelpfortgrunde wohnte. Wir fanden Schubert ganz glühend, den Erlkönig aus einem Buch laut lesend. Er ging mehrmals mit dem Buche auf und ab, plötzlich setzte er sich, und in kürzester Zeit, so schnell man nur schreiben kann, stand die herrliche Ballade auf dem Papier. Wir liefen damit ... in das Konvikt, und dort wurde der ›Erlkönig‹ noch denselben Abend gesungen und mit Begeisterung aufgenommen. Der alte Hoforganist Ruzicka spielte ihn dann selbst ohne Gesang in allen Teilen aufmerksam und mit Teilnahme durch und war tief bewegt über die Komposition. Als einige eine mehrmals wiederkehrende Dissonanz ausstellen wollten, erklärte Ruzicka, sie auf dem Klavier anklingend, wie sie hier notwendig dem Text entspreche, wie sie vielmehr schön sei und wie glücklich sie sich löse.« Ruzicka hatte mit dem feinen Gefühl des erfahrenen Musikers sofort das Bedeutende der Komposition erkannt: Eine Ballade wie diese hat es vor Schubert nicht gegeben.

Er schrieb im Verlauf dieses Jahres nicht nur über 150 Lieder. Er komponierte auch kirchliche Werke und 4 Singspiele, zahlreiche Chorgesänge, 1 Streichquartett, Klavierstücke und 2 Sinfonien. Das häusliche Kammermusik-Ensemble hatte sich erweitert, ein tüchtiger Violinspieler war an die Spitze des Orchesterchens getreten; man spielte Sinfonien von Pleyel, Rosetti, Haydn und Mozart und probierte auch die neuesten von Schubert. Er wirkte wieder an der Bratsche mit, Ferdinand unter den ersten Violinen. An Liedern entstanden an manchen Tagen gleich mehrere, am 19. Oktober sieben! Spaun war so überzeugt von der Bedeutung der Schubertschen ›Goethelieder‹, daß er Schubert zu einer sorgfältigen Abschrift bewog und sechzehn dieser Vertonungen mit einem respektvollen Brief nach Weimar sandte:

Der Unterzeichnete waget es, Euer Exzellenz durch gegenwärtige Zeilen einige Augenblicke Ihrer so kostbaren Zeit zu rauben, und nur die Hoffnung, daß beiliegende Liedersammlung Euer Exzellenz vielleicht keine ganz unliebe Gabe sein dürfte, kann ihn vor sich selbst seiner großen Freiheit wegen entschuldigen. Die im gegenwärtigen Heft enthaltenen Dichtungen sind von einem 19jährigen Tonkünstler namens Franz Schubert, dem die Natur die entschiedensten Anlagen zur Tonkunst von zartester Kindheit an verlieh ... Diese Sammlung wünscht der Künstler Euer Exzellenz in Untertänigkeit weihen zu dürfen ... Sollte der junge Künstler so glücklich sein, auch den Beifall desjenigen zu erlangen, dessen Beifall ihn mehr als der irgendeines Menschen in der weiten Welt ehren würde, so wage ich die Bitte, mir die angesuchte Erlaubnis mit zwei Worten gnädigst melden zu lassen.

Der ich mit grenzenloser Verehrung verharre Eurer Exzellenz

gehorsamster Diener
Josef Edler von Spaun

Wien, den 17. April 1816

Aus Weimar kam keine Antwort, aber das Notenheft wurde zurückgeschickt. Wahrscheinlich war niemand dort in der Lage, die schwierigen Lieder zu singen, vor allem zu begleiten: obwohl Schubert den ›Erlkönig‹ vorsichtshalber in der erleichterten Fassung, mit Achteln statt Triolen, beigefügt hatte. Auch ist bekannt, daß Goethe lieber gar nicht als mit einer Phrase antwortete.

Angesichts der unerhörten Neuartigkeit dieser Lieder muß man sich immer wieder bewußtmachen, daß sie von einem jungen Menschen zwischen dem 17. und 19. Lebensjahr geschrieben wurden, der eigentlich Schullehrer war und nur nebenbei komponierte!

Es ist schon damals von vielen, auch Freunden, behauptet worden, Schubert sei sich seiner schöpferischen Fähigkeiten kaum bewußt gewesen, er habe geschrieben wie der Vogel singt, ein Besessener im Zustand der »clairvoyance«. So nur sei die unglaubliche Fülle seiner Kompositionen zu erklären. Doch nicht nur die mehrfachen, oft sehr überlegt veränderten Fassungen widersprechen dieser These. Die Genauigkeit, mit der Schubert den Strukturen einer Dichtung nachgeht, die unfehlbare Sicherheit, mit der er, bei allem Respekt vor ihr, winzige, aber musikalisch bedeutsame Textänderungen vornimmt, wie er eine Begleitfigur ausformt oder sinngemäß abwandelt: das alles läßt auf ein hohes künstlerisches Bewußtsein schließen. Es ist

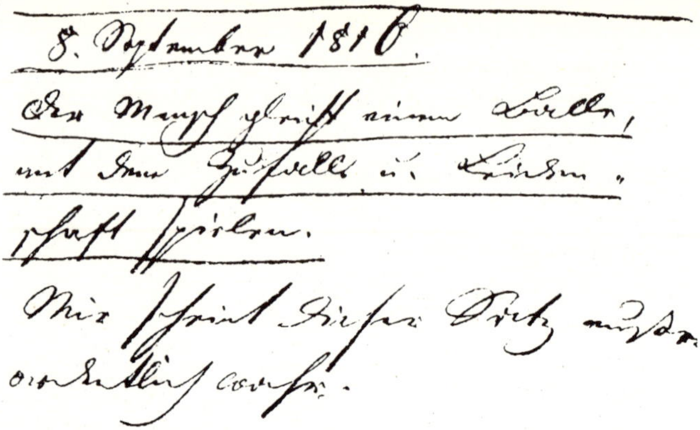

Tagebucheintragung des neunzehnjährigen Franz Schubert

auch eine intellektuelle Leistung. Mit »Somnambulismus« hat das nichts zu tun.

Auch muß gesagt werden, daß er, trotz seines enormen Bedarfs an Liedertexten, keineswegs wahllos »alles« komponierte. Manche Vorschläge von Freunden, Autoren oder Sängern wurden entschieden abgelehnt. Zwar werden ihm zuweilen auch simple Verse zu Trägern anspruchsvoller Musik; entscheidend war für ihn stets sein persönliches Verhältnis zum Text, zum dichterischen Vorwurf. Sprachen diese ihn an, lösten sie musikalische Vorstellungen in ihm aus, so formte sich aus den Worten und der in ihm entstehenden Musik ein Neues: das LIED. Erst nach Schubert wurde diese Form zum musikalischen Begriff; »le Lied«, »the Lied« bedeutete von da an in aller Welt: das deutsche Kunstlied. Manchmal ergriffen ihn einfache, fast kunstlose Verse, die aus der Zeitstimmung heraus entstanden waren. So ging es ihm mit einem Gedicht, das in einem Almanach von 1815 stand, ›Der Unglückliche‹. Es stammte von Georg Philipp Schmidt aus Lübeck, und Schubert gab ihm den allgemeineren Titel ›Der Wanderer‹. Es ist in seiner Vertonung zum Inbegriff romantischer Sehnsucht geworden.

Titelbild der zweiten Liedausgabe von ›Der Wanderer‹, nach 1828

Ich komme vom Gebirge her,
Es dampft das Tal, es braust das Meer.
Ich wandle still, bin wenig froh,
Und immer fragt der Seufzer: wo?
Die Sonne dünkt mich hier so kalt,
Die Blüte welk, das Leben alt,
Und was sie reden, leerer Schall,
Ich bin ein Fremdling überall.

Wo bist du, mein geliebtes Land,
Gesucht, geahnt und nie gekannt!
Das Land, das Land so hoffnungsgrün,
Das Land, wo meine Rosen blühn,
Wo meine Freunde wandelnd gehn,
Wo meine Toten auferstehn,
Das Land, das meine Sprache spricht,
O Land, wo bist du?
Im Geisterhauch tönts mir zurück:
Dort, wo du nicht bist, dort ist das Glück!

Die gemeinsame Heimat

›Der Wanderer‹ trägt, wie auch andere Kompositionen dieser Zeit, von Schuberts Hand den Vermerk: »In der Wohnung des H. v. Schober.« Unter diesen befinden sich die ›5. Sinfonie‹, das zarte ›Wiegenlied‹ »Schlafe, holder, süßer Knabe«, ferner die beiden Gesänge, deren Titel später seinen beiden berühmtesten Kammermusikwerken den Namen geben sollten: ›Die Forelle‹ und ›Der Tod und das Mädchen‹. Auch Schobers Verse ›An die Musik‹ wurden hier komponiert. Sie mögen in ihrer schlichten Innigkeit Schuberts Empfinden besonders entsprochen haben.

Er hatte Franz von Schober durch seinen Freund Spaun kennengelernt; Schober wie auch Johann Mayrhofer und Leopold Sonnleithner waren mit Spaun zusammen Hörer der Vorlesungen des Professors Heinrich Josef Watteroth. In Schuberts Tagebuch steht am 17. Juni 1816 folgende Eintragung: »An diesem Tage componirte ich das erste Mahl für Geld. Nämlich eine Cantate für die Namensfeyer des H. Professors Wattroth von Dräxler. Das Honorar ist 100 fl. W. W.«

Den Auftrag hatten ihm Studenten des Professors erteilt, die von seiner großen Musikliebe wußten. Der Textdichter, eben jener Dräxler, stand in Schuberts Alter. Das Thema der Kantate – ›Prometheus‹ – spielte auf die freiheitliche Gesinnung dieses Lehrers der Rechtswissenschaften an, den die Studenten verehrten. Die Aufführung fand am 24. Juli im Watterothschen Garten statt; Schubert dirigierte. Zwei Gesangssolisten wirkten mit sowie Chor und Orchester; an beiden waren Studenten beteiligt. Die Musik machte auf Hörer und Mitwirkende »einen entschieden günstigen Eindruck. Voll Erfindung und Ausdruck, glänzend instrumentiert«, wurde das Werk trotzdem nur noch einmal, privat im Hause Sonnleithner, nie aber öffentlich aufgeführt. Leider ging das Manuskript später verloren. In diesem akademischen Kreis fanden Mayrhofer und Schober zu Schubert.

Franz von Schober war mit seiner Mutter und zwei Geschwistern aus Schweden gekommen; sein verstorbener Vater, ein gebürtiger

Deutscher, hatte dort ein Gut verwaltet. Franz kam zunächst zur Gymnasialausbildung in das Stift Kremsmünster und studierte danach in Wien Jura. Er war 1796 geboren, also ein Jahr älter als Schubert. Die Familie bewohnte eine geräumige Wohnung Ecke Tuchlauben- und Landskrongasse; Schobers Mutter war großzügig und verständnisvoll, das Haus sehr gastlich. Dichter, Maler, Studenten und Musiker verkehrten hier zwanglos, an Sonntagen wurde meist getanzt. »Schubert tanzte nie, war aber stets bereit sich ans Klavier zu setzen, wo er stundenlang die schönsten Walzer improvisierte; jene, die ihm gefielen, wiederholte er, um sie zu behalten und in der Folge aufzuschreiben«, berichtet ein Freund.

Schober war verwöhnt, elegant, ein »homme à femmes«. Halb gab er sich als Wilhelm Meister, halb als Don Juan mit einem kleinen Schuß Stifterschem »Streichmachertums«. Er wurde schnell führend im Kreis der Freunde. Schober hatte nie den Druck beschränkter Verhältnisse kennengelernt, er wußte von keinem Zeitzwang, materielle Sorgen waren ihm bis dahin unbekannt. In seiner Wohnung hatte er sich eine kleine, zum Teil von befreundeten Künstlern stammende Graphik- und Bildersammlung angelegt, die er ständig zu vervollständigen suchte. Auch einige der hier veröffentlichten Darstellungen stammen aus ihr.

Im Grunde war er ein kultivierter Dilettant, der sich gelegentlich als Schriftsteller, eine Zeitlang als Maler und auch als Schauspieler versuchte. Als letzteres mißlang, gab er den Plan ohne großes Bedauern auf. Manche der Freunde sahen seinen Einfluß auf Schubert nicht ohne Bedenken an; Schober galt als unreligiös, zynisch, ein Verführer, der den arglosen Franz unbedenklich in sein unseriöses Leben hineinzog. Doch Schubert nannte ihn einen »göttlichen Kerl«, seinen Sinn für die Kunst »den wahrsten, reinsten, den man sich denken könne«. Er hat ihn geliebt und vermißte ihn schmerzlich, wenn Schober, was häufig vorkam, längere Zeit von Wien abwesend war. Seine Unbekümmertheit, seine hinreißende Fröhlichkeit, auch ein gewisser genialischer Leichtsinn brachten frische Luft in die enge, von den Mühseligkeiten des Lehrberufs geprägte Umwelt der Säulengasse. Schubert mußte dort täglich etwa neun Stunden unterrichten, sollte nebenher noch Privatschüler übernehmen – und hat in diesen Jahren eine große Anzahl bedeutender Werke geschaffen. Man kann sich vorstellen, daß der Vater gerade den Umgang mit Schober nicht gerne sah. Franz selber empfand Hemmungen, wenn die beiden Menschen, die er liebte und deren verschiedenartige Werte er so genau kannte, sich in seiner Gegenwart begegneten.

Als Frau von Schober den jungen Musiker auf Anregung ihres Sohnes im Herbst 1816 für einige Zeit als Gast in ihr Haus einlud, nahm Schubert das Angebot überglücklich an. Er ließ sich in der Schule beurlauben und hoffte, ungehemmt durch die zeitraubende Lehrtätigkeit, sich mit seinen Kompositionen, vielleicht auch durch einen Bühnenerfolg, eine Existenzgrundlage schaffen zu können. Im Herbst 1817 und auch 1824 kehrte er kurzfristig noch einmal ins Elternhaus und zu dem verhaßten Schuldienst zurück. Aber sein Lebensstil war von 1818 an der eines Wanderers zwischen den Welten, eines unbehausten Menschen. Meistens lebte er mit einem der Freunde zusammen, manchmal auch allein, immer aber mit wenig Gepäck und Mobiliar. Um so reicher war sein innerer Besitz an musikalischen Einfällen und Plänen, an Träumereien für die Zukunft, die sich nie erfüllen sollten. »Er hatte die Gabe zu entbehren, ohne Nachteil für seine Heiterkeit und noch weniger seine Lust zu komponieren«, sagte Spaun.

Äußere Einschränkungen, die uns heute bedrückend erscheinen, mögen ihn kaum berührt haben. Er war von klein auf in der beengten Umgebung einer vielköpfigen Familie aufgewachsen, vom fünften Lebensjahr an im eigenen väterlichen Haus, das aber zugleich die Schule aufnehmen mußte. Mit elf Jahren kam Franz ins Konvikt. Dort mußte er sich einer halb mönchischen, halb militärischen Zucht fügen; allein ist der verträumte, innerlich stets tief beschäftigte Junge in diesen fünf Jahren so gut wie nie gewesen. Einer der Kameraden hat beschrieben, wie er »ganz ruhig und wenig beirrt durch das unvermeidliche Geplauder und Gepolter am Schreibtischchen saß« und komponierte. Als er das Konvikt verließ, hatte er bereits ein hartes Training in Konzentration und Arbeitstechnik hinter sich. Im Elternhaus in der Säulengasse fand er als Schulgehilfe erneut Lärm

Franz von Schober, charmant, leichtsinnig, unbeschwert und sehr gesellig, wurde von Schubert besonders geschätzt, während er im Kreise der Freunde charakterlich umstritten war
Bleistiftzeichnung von Leopold Kupelwieser, 1821

und Unruhe vieler Menschen in engen Räumen vor. In solcher Umgebung arbeitete Schubert an seinen ersten großen Kompositionsgruppen.

Von 1817 an tritt die Liedkomposition an Zahl zurück; Schubert beginnt, sich mehr und mehr mit der Sonatenform, vor allem der Klaviersonate, auseinanderzusetzen. Mit demselben leidenschaftlichen Ernst, den er der Liedgestaltung zuwandte, erprobt er seine schöpferischen Kräfte an der zuerst von Haydn und Mozart, dann endgültig und lapidar von Beethoven geprägten Form. Zugleich erlebt Schubert in dieser Zeit seine Sturm-und-Drang-Periode. In sieben, zum Teil Fragment gebliebenen Sonaten finden sich neuartige Klangwirkungen, melodische Einfälle, die aufhorchen lassen, ein mitreißender jugendlicher Schwung – nirgends aber jene Konzentration der Gesamtanlage, die Beethovens Sonatenwerk auszeichnet. Schubert mußte einen langen Entwicklungsweg durchlaufen, ehe er sich von dem übermächtigen Einfluß Beethovens lösen und zu seiner eigenen Gestaltung finden konnte.

Seine halb unbewußt erworbene Fähigkeit, sich durch keine äußere Störung ablenken zu lassen, hat sein Leben unendlich erleichtert. Das Zusammenwohnen mit anderen jungen Leuten war damals, ähnlich wie heute, gang und gäbe. Wenn Schubert nach stundenlanger intensiver Arbeit in die Alltäglichkeit zurückfand, freute es ihn, das neueste Werk sofort guten Freunden vorspielen, mit ihnen darüber sprechen zu können. Er besaß beides: die Fähigkeit zu einsamer Meditation und die Freude am fröhlichen Miteinander.

Zahlreiche Freunde der späteren Jahre haben Schuberts Lebensweg schon damals begleitet: so der Musiker Anselm Hüttenbrenner, dem er im Kompositionsunterricht bei Salieri begegnet war und den er persönlich schätzte. Eine Zeitlang trafen sich beide mit zwei anderen Musikern jeden Donnerstagabend zum gemeinschaftlichen Singen; jeder sollte dazu ein neues, von ihm komponiertes Männerquartett mitbringen.

»Einmal kam Schubert ohne Quartett, schrieb aber, da er von uns einen kleinen Verweis erhielt, sogleich eines in unserer Gegenwart; Schubert achtete dieser Gelegenheitsstücklein sehr wenig, und es werden kaum sechs davon mehr existieren. An diesen Donnerstagen sangen wir auch die damals sehr beliebten Männerquartette von C. M. von Weber und mitunter einige von Konradin Kreutzer, dessen Kompositionen Schubert schätzte.«

Hüttenbrenner stammte aus Graz, wohin er später zurückkehrte. Er verwaltete dort Familiengüter und war Direktor des Steiermärkischen Musikvereins, von dem Schubert 1823 auf Vorschlag Johann Baptist Jengers zum Ehrenmitglied ernannt wurde. Anselms Bruder Josef, später Hofbeamter, war ein Jahr jünger als Schubert und wirkte zeitweise freundschaftlich als eine Art Sekretär für den geschäftsunkundigen Franz. Er übernahm Verhandlungen mit Verlegern, besorgte Notenkopien und ähnliches. Er hat auch manche Äußerung von Schubert festgehalten, die uns seine Lebens- und Schaffensauffassungen näherrücken. So sagte dieser einmal zu Josef: »Ehe ich Lektionen gebe, esse ich lieber schwarzes Brot!« Mehrmals soll er den Wunsch ausgesprochen haben: »Mich soll der Staat erhalten, ich bin für nichts als das Komponieren auf die Welt gekommen.«

Zu tieferer Partnerschaft kam es mit Johann Mayrhofer, dem Dichter. Er war zehn Jahre älter als Schubert und stammte aus Steyr; sein Vater, den er schon in den Schülerjahren verloren hatte, war dort Gerichtsprokurator gewesen. Johann besuchte das Gymnasium in Linz und fiel schon als Zehnjähriger durch seine Begabung auf. Er zeichnete sich besonders in Latein und Griechisch sowie in der Kenntnis klassischer Dichter aus. Josef von Spauns Bruder Anton war sein Klassengenosse. Johann verkehrte in dessen Familie, wo er sich »heiter, freimütig und offen« gab, während er in fremder Umgebung leicht scheu und linkisch wirkte. Nachdem er die beiden Humanitätsklassen und zwei philosophische Jahrgänge mit Auszeichnung bestanden hatte, siedelte er in das Stift von St. Florian über, um Geistlicher zu werden. Doch kurz vor den feierlichen Gelübden brach er sein dortiges Studium ab und ging nach Wien. Offenbar war ihm klargeworden, daß er für die geistliche Laufbahn doch nicht bestimmt war. Er begann nun, vollkommen mittellos, Jura zu studieren und sich durch Privatunterricht und Hofmeisterdienste über Wasser zu halten. Glücklicherweise war er von großer Anspruchslosigkeit: »Er hatte außer seiner Pfeife keine Bedürfnisse«, sagte Spaun von ihm. Dagegen genoß er die großartigen Bildungsmöglichkeiten Wiens. Er besuchte die reichhaltigen Bibliotheken und Kunstinstitute und, nicht zuletzt, die hervorragenden Opernaufführungen. »Mayrhofer besaß ein ausgezeichnet feines Gehör und große Liebe für Musik«, berichtet ebenfalls Spaun. Wenn Werke von Gluck oder Mozart gegeben wurden, konnte man ihm im 5. Rang des »Theaters am Kärntnertor« begegnen. Neben griechischen Klassikern beschäftigten ihn auch Dichter der Romantik; sein höchstes dichterisches Ideal verehrte er in Goethe. Mayrhofers Sprache entfaltete sich an solchen Vorbildern. Manchmal gelangen ihm Verse von eigenartig düsterer Glut.

Zu seinen Freunden gehörten die begabtesten der jungen Wiener Akademiker und Künstler; neben den Brüdern Spaun die Maler Kupelwieser und Schwind sowie der jugendliche Dichter Michael Senn. Auch Theodor Körner, den Mayrhofer sehr hoch einschätzte. Seit 1814 war er auch mit Schubert befreundet. Durch seinen tiefen Ernst, seine Überzeugung von der Bedeutung der Kunst für die Allgemeinheit wurde Mayrhofer Mittelpunkt einer jugendlichen Gemeinde, die Anton von Spaun ins Leben gerufen hatte: ein Verein ohne Statuten, ohne Namen, ohne Formalitäten, wie er sagte. Sein Ziel war die geistige Förderung der Jugend; zwei Bändchen für die öffentliche Wirksamkeit dieses gänzlich unpolitischen Bundes sind unter dem Titel ›Beiträge zur Bildung für Jünglinge in Wien‹ erschienen. Mayrhofer war an ihnen auch als Autor beteiligt.

Die finanzielle Sicherung seiner Existenz blieb vordringlich. Nach beendetem Studium unentgeltlich in einem höheren Staatsamt zu praktizieren, wie es damals allgemein üblich war, kam für ihn nicht in Betracht. Schließlich nahm er eine Stellung in dem berüchtigten Bücherrevisionsamt von Metternich an – eine Tätigkeit, die den freiheitsliebenden, schwerblütigen Menschen in unlösbare Konflikte stürzte. Seine Hinneigung zu antiken Auffassungen, sein tragisches Lebensgefühl verstärkten sich unter dem ständigen Druck einer mißtrauischen und kleinlichen Behörde. Oft wurde er von tiefer

Johann Mayrhofer, von Moritz von Schwind gezeichnet. Er war eine tragische Erscheinung unter den Schubertianern, litt als Zensor am Bücherrevisionsamt unter den starren Metternichschen Verordnungen, die er befolgen mußte. Schuberts Musik liebte er über alles; seine eigenen Gedichte gefielen ihm erst, wenn Schubert sie vertont hatte.

Melancholie befallen. Seine Dichtungen wurden damals, obwohl größtenteils ungedruckt, im Freundes- und Literatenkreis bereits sehr geschätzt. Josef von Spaun machte Schubert mit Versen von Mayrhofer bekannt; er vertonte als erstes Gedicht von ihm ›Am See‹. Der Dichter erinnerte sich später der ersten persönlichen Begegnung so:

»An des Freundes Hand betrat 1814 Franz Schubert das Zimmer, welches wir 5 Jahre später gemeinsam bewohnen sollten. Es befindet sich in der Wipplingerstr. Haus und Zimmer haben die Macht der Zeit gefühlt: die Decke ziemlich gesenkt, das Licht von einem großen, gegenüberstehenden Gebäude beschränkt, ein überspieltes Klavier, eine schmale Bücherstelle; so war der Raum beschaffen, welcher mit den darin zugebrachten Stunden meiner Erinnerung nicht entschwinden wird ...«

Von der Wohngemeinschaft mit Schubert, die von Herbst 1818 bis 1820 dauerte, sagte Mayrhofer: »... Während unseres Zusammenwohnens konnte es nicht fehlen, daß Eigenheiten sich kundgaben; nun waren wir jeder in dieser Hinsicht reichlich bedacht, und die Folgen blieben nicht aus. Wir neckten einander auf mancherlei Art... Ihm waren Falschheit und Neid durchaus fremd; in seinem Charakter mischten sich Zartheit und Derbheit, Genußliebe mit Treuherzigkeit, Geselligkeit mit Melancholie. Bescheiden, offen, kindlich, besaß er Gönner und Freunde, die seinen Schicksalen und Produktionen herzlichen Anteil widmeten und auf jenen allgemeineren hinwiesen, welcher dem länger Lebenden gewiß geworden wäre.«

Mayrhofer sagte zu Spaun oft, daß sein Leben durch Schuberts Lieder verschönt worden sei, ja, daß ihm seine eigenen Gedichte eigentlich erst gefielen, wenn Schubert sie in Musik gesetzt habe. Schubert fand in manchen von ihnen jenes unwägbare Etwas, auf das seine Phantasie ansprach. Eines der ergreifendsten, ein Lied aus einem Guß, ist das ›Lied eines Schiffers an die Dioskuren‹. Auch manche der düsteren, großartigen Visionen, in denen sich der Dichter gefiel, inspirierten Schubert. Sehr häufig wird in diesen die Welt des klassischen Griechenland beschworen, wie jene Epoche sie sah;

Goethesche Wendungen sind unverkennbar, und neben Einfälle von sprachlicher Eindringlichkeit tritt Triviales.

Mayrhofer war ein tragischer Mensch. Schon in seiner Schülerzeit fiel die »angeborene Zaghaftigkeit in Beurteilung seiner Fähigkeiten« auf. In den Wiener Jahren wurde er sich der schneidenden Gegensätze jener Welt, in der er leben mußte, um überhaupt existieren zu können, in quälender Weise bewußt. Seine Gedichte erschienen 1824, und zwar auf Drängen der Freunde, nicht des Autors. Bezeichnenderweise konnten manche Verse aus politischen Gründen nicht aufgenommen werden. Die Herausgabe erfolgte nach vorangegangener Subskription; nur 98 Interessenten hatten sich eingeschrieben, darunter lauter Namen von geistigem Rang, viele Mitglieder des Schubert-Kreises. Mayrhofer wurde in Wien literarisch geachtet; Eduard von Bauernfeld, um fünfzehn Jahre jünger, schrieb nach seinem Tode ein langes Gedicht über ihn, in dem die Zeilen stehen:

Ernst war seine Miene, steinern,
Niemals lächelt oder scherzt er;
Flößt uns jungem Volk Respekt ein
Durch sein Wissen und sein Wesen.

Seine Melancholie, die tiefe Erbitterung gegen das Schlechte in der Welt war seinen Freunden so geläufig, daß keiner die Katastrophe vorausgesehen hat, zu der es, acht Jahre nach Schuberts Tod, kommen sollte. Mayrhofer nahm sein Amt als Zensor bitterernst, vielleicht gerade, weil diese Arbeit seinem innersten Empfinden so gar nicht entsprach, weil er verbieten mußte, was ihn begeisterte. Eine pathologische Furcht vor der Cholera, die in Wien von Zeit zu Zeit heftig aufflammte, verschärfte Lebensangst und Lebensüberdruß. Als ihm eines Morgens ein Beamter seiner Behörde Näheres über einen Todesfall durch Cholera berichtete, der sich in unmittelbarer Nähe ereignet hatte, ging Mayrhofer wortlos aus dem Zimmer. Er stieg in den dritten Stock des Gebäudes hinauf, sah in die knospenden Baumwipfel der Straße hinab – und stürzte sich in den Tod. Eine

Kurzschlußhandlung – ein seit langem geplantes Ende? Er hat Schuberts Tod nie verwunden. Seine Produktivität kam danach zum Erliegen.

Grillparzer, der ihn persönlich kannte und schätzte, hat etwas sehr Merkwürdiges über die Gedichte des glücklosen Mannes gesagt, etwas, was die künstlerische Zusammenarbeit zweier wesensmäßig so verschiedener Naturen, wie Mayrhofer und Schubert, verständlicher macht:

»Mayrhofers Gedichte sind immer wie Texte zu einer Melodie. Entweder zur antizipierten Melodie eines Tonkünstlers, der das Gedicht in Musik setzen sollte, oder es schimmert die Melodie eines gelesenen fremden Gedichtes durch, das er im Innern reproduzierte und mit neuem Text und neuer Empfindung sich vorsang.«

Ein Nachfahre, Ernest Mayrhofer, sagt in einem Aufsatz über ihn und Schubert: »Sie trafen einander in einer jenseitigen Welt, die ihre selbstverständliche und gemeinsame Heimat war.« So wird es wohl gewesen sein. Eines der persönlichsten Gedichte des Freundes hat Schubert bereits 1819 vertont. In ihm ist der Abschied vorausgenommen, den Johann Mayrhofer siebzehn Jahre später vollzog:

An die Freunde

Im Wald, im Wald, da grabt mich ein,
Ganz stille, ohne Kreuz und Stein:
Denn was Ihr türmet, überschneit
Und überrindet Winterszeit.
Und wenn die Erde sich verjüngt,
Sie Veilchen meinem Hügel bringt:
Das freut Euch, Gute; freuet Euch!
Ist alles doch den Toten gleich.
Doch nein, denn Eure Liebe spannt
Die Äste in das Geisterland:
Und die Euch führt zu meinem Grab
Zieht mich gewaltiger hinab.

Der Sänger seiner Lieder

Franz Schobers wichtigste und folgenreichste Tat für seinen Freund ist die Herstellung der Beziehung zu dem damals berühmtesten Opernsänger Wiens, dem Bariton Johann Michael Vogl, gewesen. Schubert kannte ihn als Sänger seit den ersten Opernbesuchen mit Josef von Spaun, er hatte ihn in vielen klassischen Rollen gehört und verehrte ihn sehr. Von seinem leidenschaftlichen Eintreten für Vogl, der einmal in einem Lokal, dem »Blumenstöckl«, von einem Fremden höhnisch kritisiert wurde, berichtete das Kapitel »Zugelassen als Schulgehilf«.

Schuberts Wunsch, ihn persönlich kennenzulernen, war groß, und er hoffte im stillen, ihn für seine Lieder gewinnen zu können. Die Verwirklichung dieses Wunsches schien zunächst wenig aussichtsreich. Vogl galt als schwer zugänglich und sehr selbstbewußt. Er erwiderte auf Schobers erste vorsichtige Anfrage: er habe die Musik satt bis über die Ohren, er wolle sie loswerden, statt noch neue kennenzulernen. Vogl stand damals schon im achtundvierzigsten Lebensjahr. Von »jungen Genies« habe er hundertmal gehört und sei immer enttäuscht worden. Schließlich versprach er Schober wenigstens, einmal zu einer Musikprobe zu kommen. Spaun hat diese erste Begegnung festgehalten:

»Er trat um die bestimmte Stunde ganz gravitätisch bei Schober ein, und als ihm der kleine unansehnliche Schubert einen etwas linkischen Kratzfuß machte und über die Ehre der Bekanntschaft in der Verlegenheit einige unzusammenhängende Worte stammelte, rümpfte Vogl etwas geringschätzig die Nase, und der Anfang der Bekanntschaft schien uns unheilverkündend. Vogl sagte endlich: ›Nun, was haben Sie denn da? Begleiten Sie mich‹, und dabei nahm er das nächstliegende Blatt, enthaltend das Gedicht von Mayrhofer ›Augenlied‹, ein hübsches, sehr melodiöses, aber nicht bedeutendes Lied. Vogl summte mehr als er sang und sagte dann etwas kalt: ›Nicht übel‹. Als ihm hierauf ›Memnon, Ganymed‹ und andere Lieder begleitet wurden, die er aber alle nur mit halber Stimme sang,

Ausschnitt aus Schwinds Lithographie ›Promenade vor dem Tor‹. Zweiter von links Vogl, dann Schubert und, grüßend, Schober, im Vordergrund sitzend, mit Zeichenblock, Schwind.

wurde er immer freundlicher, doch schied er ohne Zusage, wiederzukommen. Er klopfte beim Weggehen Schubert auf die Schulter und sagte zu ihm: ›Es steckt etwas in Ihnen, aber Sie sind zu wenig Komödiant, zu wenig Charlatan, Sie verschwenden Ihre schönen Gedanken, ohne sie breitzuschlagen.‹ Gegen andere äußerte sich Vogl bedeutend günstiger über Schubert als gegen ihn und seine nächsten Freunde. (Als ihm das Lied ›Die Dioskuren‹ zu Gesicht kam, erklärte er, es sei ein Prachtlied, und es sei geradezu unbegreiflich, wie solche Tiefe und Reife aus dem jungen, kleinen Mann hervorkommen könne.)

Der Eindruck, den die Lieder auf ihn machten, war ein überwältigender, und er näherte sich nun unaufgefordert wieder unserem Kreise, lud Schubert zu sich, studierte mit ihm Lieder ein, und als er den ungeheuren, überwältigenden Eindruck wahrnahm, den sein Vortrag auf uns, auf Schubert selbst und auf alle Kreise der Zuhörer machte, so begeisterte er sich selbst so sehr für diese Lieder, daß er nun selbst der eifrigste Verehrer Schuberts wurde und daß er statt, wie er früher vorhatte, die Musik aufzugeben, sich erst neu dafür begeisterte.«

Johann Michael Vogl war eine der merkwürdigsten Erscheinungen des kulturellen Wien. Der Sohn eines Landmanns aus Steyr war im Kloster erzogen worden und Sängerknabe in Kremsmünster gewesen, sein Freund Steinbüchel, ein bedeutender Altertumsforscher, sagte über diese langjährige Schulung: »Das war wirkliche Erziehung zur Kunst! Strenge Lebensordnung, Fleiß, bescheidene Fügsamkeit, die ernste Richtung der Lehre, die feierliche Würde der Kirchenmusik ... das alles verfehlte seinen Einfluß nicht auf den gutgearteten Knaben.« Vogl ging später nach Wien, um hier seine juristischen Studien abzuschließen und in den Staatsdienst einzutreten. Doch dieser junge Mann mit der kräftigen Gestalt, der hohen Stirn und einer Stimme von »wundervoller Fülle, Reinheit und Biegsamkeit« wurde statt dessen unter vorteilhaften Bedingungen an die Oper berufen. Das war 1794, drei Jahre vor Schuberts Geburt! Er war 29 Jahre älter als dieser.

»Der Grundton seines Wesens«, berichtet Bauernfeld, »war eine moralische Skepsis, ein grübelndes Zergliedern seines Selbst sowie der Welt; ein innerlicher, nie ruhender Antrieb, von Tag zu Tag besser, vollkommener zu werden ... Lektüre und Studien standen natürlich mit dieser Sinnesrichtung in innigstem Zusammenhang ... Nun war es freilich eine ziemlich wunderliche Erscheinung, wenn man den gefeierten Theaterhelden im Kostüme des Agamemnon, Orest oder sonst eines heidnischen Heros in der Garderobe sitzen und mit Aufmerksamkeit in den Evangelien lesen sah ...«

Die Freude des Freundeskreises über seine Anteilnahme an Schuberts Schaffen war überschwenglich, das beste zweifellos die belebende und anregende Wirkung auf den jungen Komponisten. Endlich vermochte Schubert seine Lieder so zu hören, wie sie ihm innerlich vorschwebten, wie er sie, mit seiner schwachen Tenorstimme, nie selber hätte wiedergeben können. Und dieser ideale Interpret, dieser berühmte Künstler wurde außerdem noch sein väterlicher Freund, sein Ratgeber! Vogl galt vielfach für stolz und rücksichtslos. Gegen Leute, die ihm schmeichelten, weil sie etwas von ihm wollten, konnte er brutal sein. Für den bescheidenen zurückhaltenden Schubert hatte der menschenerfahrene Sänger fast eine Art Devotion.

Und wenn dieser, wie es seine Art war, zu einer Verabredung einfach nicht erschien oder von einem Musikabend ohne Verabschiedung fortging, erklärte Vogl stets: »Vor Schuberts Genius müssen wir uns alle beugen, und wenn er nicht kommt, müssen wir ihm auf Knien nachkriechen.« Das klingt überraschend, scheint so gar nicht der selbstgefälligen Art zu entsprechen, die Vogl zur Schau trug. Er war verwöhnt, zweifellos auch eitel.

Doch muß man die Begegnung zwischen ihm und Schubert auch von der Seite des Sängers aus sehen. Vogl war damals schon um die Fünfzig und seit über zwei Jahrzehnten gefeiertes Mitglied des »Theaters am Kärntnertor«. Er brillierte in klassischen Rollen, vor allem Glucks, in zahlreichen italienischen Opern, war ein nobler Graf in ›Figaros Hochzeit‹ und wußte auch komische Partien in verschiedenen Singspielen unvergleichlich zur Geltung zu bringen. Doch selbst wenn Vogl, wie Bauernfeld berichtet, ständig an sich gearbei-

Johann Michael Vogl stand, als Schubert ihn kennenlernte, im 48. Lebensjahr. Er war erfolgreich, selbstbewußt, eine imponierende Persönlichkeit. Schuberts Genialität erkannte er sofort und setzte sich unermüdlich für seine Lieder ein. Bleistiftzeichnung von Leopold Kupelwieser

Johann Michael Vogl und Schubert musizierend.
Federzeichnung von Moritz von Schwind

tet hat: eine gewisse Erstarrung auch der vollkommensten Leistung ist unausbleiblich, wenn keine echte Konkurrenz besteht, wenn es an Aufgaben fehlt, die alle Kräfte herausfordern. Vogl, der geistig so interessierte Künstler, spielte mit dem Gedanken, aus der Oper auszuscheiden. Und in dieser Zeit eines gewissen Überdrusses sieht er sich plötzlich einer neuen Aufgabe gegenüber. Er erkennt mit seiner musikalischen Intelligenz, seinem Gefühl für Werte, daß die Lieder dieses Franz Schubert etwas vollständig anderes sind als alles, was er bisher gesungen hat. Er entdeckt die Fülle der melodischen Erfindung, die Vielfalt der Ausdrucksmöglichkeiten; seine Existenz als Sänger und Interpret wird zutiefst erschüttert. Er sieht einen

*»Michael Vogl und Franz Schubert ziehen aus zu Kampf und Sieg.«
Diese Karikatur von Schober zeigt, wie klein Schubert war: Er maß nur 1,56 Meter. Deshalb wurde er nicht vom Militärdienst erfaßt; die Mindestgröße hierfür betrug 1,58 Meter.*

neuen Anfang vor sich, er wird wieder jung, ohne seine Position als reifer, erfolgreicher Künstler aufgeben zu müssen!

Das, was Schubert durch diese Begegnung geschah, war ein unerhörter Glücksfall. Für Vogl bedeutete sie ein zweites künstlerisches Leben. Und deshalb mag er, bei aller menschlichen Überlegenheit, dem jungen Musiker gegenüber manchmal etwas wie Scheu empfunden haben. »Er ahnte den Geist der Harmonie, den tiefen Sinn für die Sprache, die Macht der Töne in Schubert.«

Hat der Sänger den Komponisten beeinflußt, ihm gar seine Auffassungen aufgezwungen? Auch darüber gab es kritische Stimmen. Spaun führte sie auf ein sachliches Maß zurück. »Einige haben an

Vogl das etwas kokette Spiel mit der Lorgnette und die etwas theatralische Vortragsweise getadelt; allein ersteres konnte dem herrlichen Vortrag nicht Eintrag tun, und letzteres erhöhte bei gar vielen Liedern die Wirkung. Vogl interessierte durch seinen Vortrag nicht nur für die Musik, sondern auch für das Gedicht.«

Die letzten Takte des ›Erlkönigs‹ z. B. sang er nicht, er sprach die Worte. Es soll eine tiefe Wirkung gehabt haben. Zuweilen brachte er Ornamente und Verzierungen in seiner Stimme an, die Schubert nur ungern hinnahm, ohne jedoch laut dagegen zu protestieren. Sie fanden zum Teil Eingang in die Druckvorlagen. Es bedurfte später mühsamer Forschungarbeit, um die ursprüngliche Schreibweise des Komponisten wiederherzustellen. Eine Anekdote berichtet, daß Schubert eines der Lieder in einer Abschrift von Vogl vorgelegt bekam und, die Noten anspielend, gesagt habe: »Net uneben. Von wem ist denn dös?« Der Vorfall wurde von manchen dahin ausgelegt, daß er sein eigenes Werk nicht wiedererkannte, weil er es »in einer Art von clairvoyance« geschrieben habe. Glaubwürdiger ist, daß er mit dieser Bemerkung in seiner leise sarkastischen Art zum Ausdruck bringen wollte, wie sehr sich seine Komposition durch Vogls Eingriffe verändert habe, so daß sie nicht mehr wie seine eigene auf ihn wirkte.

Schubert hatte festumrissene Vorstellungen von der Art, wie seine Lieder gesungen werden sollten. Seine Vortragsbezeichnungen – deutsch übrigens – geben darüber genaue Auskunft. Leopold Sonnleithner, von dessen enger Beziehung zu Schuberts Schaffen noch die Rede sein wird, hat darüber einen Aufsatz geschrieben: »Über den Vortrag des Liedes, mit besonderer Beziehung auf Schubert«; er erschien 1860 in einer Wiener Zeitschrift.

»Der Verfasser dieser Zeilen hörte ihn sehr oft seine Lieder ... selbst singen; er hörte ihn noch öfter seine Arbeiten mit den vorzüglichsten Künstlern und Kunstliebhabern jener Zeit einüben und sie auf dem Pianoforte begleiten ... Schubert forderte vor allem, daß seine Lieder nicht sowohl deklamiert als vielmehr fließend gesungen werden, daß jeder Note mit gänzlicher Beseitigung des unmusikalischen Sprachtones der gebührende Stimmklang zuteil und zur Geltung gebracht werde. Damit in notwendigem Zusammenhang steht die strengste Beobachtung des Zeitmaßes. Schubert hat überall genau angemerkt, wo er eine Verzögerung, eine Beschleunigung oder überhaupt einen freieren Vortrag wünschte oder erlaubte. Wo er diese nicht angezeigt hat ... duldete er aber auch nicht die geringste Willkür, nicht die leiseste Abweichung im Zeitmaße... Ein getreuer, rein musikalischer Vortrag schließt ja Gefühl und Empfindung keineswegs aus; aber der Sänger soll nicht poetischer und geistreicher sein wollen als der Tonsetzer, der mit deutlichen Noten und Zeichen ganz genau angegeben hat, was und wie er es gesungen haben wollte.«

Vogl mag in den späteren Jahren beim Musizieren mit Schubert manche kleine Änderungen auch vorgenommen haben, um stimmlichen Schwierigkeiten auszuweichen; daß er ernstlich auf seine Kompositionsweise Einfluß genommen habe, hält Josef von Spaun für unglaubwürdig. »Niemand hat auf seine Art zu komponieren je den geringsten Einfluß ausgeübt, wenn es auch hie und da versucht worden sein mag. Höchstens hat er Vogl in Rücksicht auf dessen Stimmlage kleine Konzessionen gemacht, allein auch das nur selten und ungern... Wenige leben noch, die Vogls Vortrag genossen, aber diese wenigen werden den Eindruck nie vergessen.«

Reise nach Ungarn

Das Jahr 1818 war für Franz Schubert durch verschiedene einschneidende Erlebnisse gekennzeichnet. Zum ersten Mal wurde ein nicht für die Kirche bestimmtes Werk von ihm öffentlich aufgeführt, und zwar eine seiner ›Ouvertüren im italienischen Stil‹; und zum ersten Mal verließ er Wien für längere Zeit. Er reiste nach Zseliz in Ungarn.

Schuberts italienische Ouvertüren waren unter dem Eindruck von Rossinis Opern entstanden; er schätzte die schönen Kantilenen, den

Schuberts erste Liedveröffentlichung: ›Am Erlaf-See‹, Text von Mayrhofer

dramatischen Schwung dieser Musik, ohne ihre Grenzen zu verkennen. Die Aufführung seiner »ganz neuen Ouvertüre« fand in einer »musikalisch-deklamatorischen Akademie« im Saale des Gasthofes »Zum römischen Kaiser« statt. Für Konzerte in kleinerem Rahmen wurde dieser damals gern benutzt; auch der Sitzungssaal im Landhaus, dem Parlament der Stände Nieder-Österreichs, war beliebt. Einen eigentlichen Konzertsaal besaß Wien zu dieser Zeit noch nicht. Veranstalter des Konzertes war der Violonist Eduard Jaëll, Orchestermitglied des »Theaters an der Wien«. In einer Besprechung der ›Wiener Theaterzeitung‹ hieß es:

»Die zweite Abteilung begann mit einer wunderlieblichen Ouvertüre von einem jungen Kompositeur Franz Schubert. Dieser, ein Schüler unseres hochverehrten Salieri, weiß schon jetzt alle Herzen zu rühren und zu erschüttern ...« Auch in anderen Blättern wurden Schuberts »reiche Anlagen, sein tiefes Gemüt, geregelte unumwundene Kraft« gerühmt. Fast gleichzeitig erschien zum ersten Mal eines seiner Lieder im Druck; es war Johann Mayrhofers ›Am Erlaf-See‹, und es wurde im ›Mahlerischen Taschenbuch‹ für Freunde interessanter Gegenden, Natur- und Kunstmerkwürdigkeiten der österreichischen Monarchie veröffentlicht.

Dagegen brachten die langen Monate, in denen er nun wieder als Schulgehilfe seines Vaters tätig sein mußte, ihm wenig Erfreuliches. Er empfand jetzt die Einengung, das hartnäckige Beanspruchtwerden nach Monaten ungestörten Schaffens in der freien Atmosphäre des Hauses Schober als besonders drückend.

So war es ein Glück, daß er im Juli der Aufforderung des Grafen Johann Karl Esterhazy folgen konnte, der Schubert – laut Paß – als Musikmeister nach Zseliz, dem Landschlößchen der gräflichen Familie, engagiert hatte. Schubert war offenbar schon in Wien Musiklehrer der Komtessen gewesen. Für den Monat Juli erhielt er 200 Gulden W. W., also 75 Gulden Konventionsmünze. Die Fahrt dorthin lief über 14 Poststationen und kostete ihn 5 Gulden. In Zseliz hatte er vor allem die beiden Töchter, die siebzehnjährige Marie und die dreizehnjährige Karoline, in Gesang und Klavier zu unterrichten. Er schrieb für die Gräfin Gesangsübungen, begleitete sie und auch den Grafen zum Gesang. Für die beiden Mädchen komponierte er vierhändige Klavierstücke. Offenbar hat er zuweilen auch bei Abendgesellschaften im Schloß Tanzmusik improvisiert, wie er es im Freundeskreis tat. Seine Stimmung war zunächst sehr glücklich. Er schrieb an Schober und die anderen Freunde am 3. August 1818:

Liebste, theuerste Freunde!

Wie könnt ich euch vergessen, euch, die ihr mir alles seyd! Spaun, Schober, Mayrhofer, Senn, wie geht es euch, lebt ihr wohl? Ich befinde mich recht wohl. Ich lebe und componiere wie ein Gott, als wenn es so seyn müßte.

Mayrhofers ›Einsamkeit‹ ist fertig, und wie ich glaube, so ists mein Bestes, was ich gemacht habe, denn ich war ja ohne Sorge. Ich hoffe, daß ihr alle recht gesund und froh seyd, wie ich es bin. Jetzt lebe ich einmal, Gott sey Dank, es war Zeit, sonst wär noch ein verdorbener Musikant aus mir geworden...

Drei Wochen später teilt er Ferdinand mit, daß er die ›Trauermesse‹ für ihn beendet habe (die lange unter der Autorschaft des Bruders lief, der sie für eine theoretische Prüfung verwenden sollte). Franz schließt seinen Brief:

»So wohl es mir geht, so gesund als ich bin, so gute Menschen als es hier gibt, so freue (ich) mich doch unendlich wieder auf den Augenblick, wo es heißen wird: nach Wien, nach Wien! Ja, geliebtes Wien, Du schließest das Theuerste, das Liebste, in Deinen engen Raum, und nur Wiedersehen, himmlisches Wiedersehen wird dieses Sehnen stillen.« Noch immer, so scheint es, beherrschte ihn das Gefühl für Therese.

Interessante Einzelheiten über das Leben in Schloß Esterhazy vermittelt ein Brief vom 8. September an den Freundeskreis:

... In Zseliz muß ich mir selbst alles seyn. Compositeur, Redacteur, Autiteur u. was weiß ich noch alles. Für das Wahre der Kunst fühlt hier keine Seele, höchstens dann u. wann (wenn ich nicht irre) die Gräfin. Ich bin also allein mit meiner Geliebten u. muß sie in mein Zimmer, in mein Klavier, in meine Brust verbergen. Obwohl mich dies öfters traurig macht, so hebt es mich auf der anderen Seite desto mehr empor. Fürchtet euch also nicht, daß ich länger ausbleiben werde, als es die strengste Nothwendigkeit erfordert... Nun eine Beschreibung für alle:

Unser Schloß ist keines von den größten, aber sehr niedlich gebaut. Es wird von einem sehr schönen Garten umgeben. Ich wohne im Inspectorat. Es ist ziemlich ruhig, bis auf einige 40 Gänse, die manchmal so zusammenschnattern, daß man sein eigenes Wort nicht hören kann. Die mich umgebenden Menschen sind durchaus gute. Selten wird irgend ein Grafen-Gesinde so gut zusammen gehen, wie dieses. Der H. Inspector, ein Slavonier, ein braver Mann, bildet sich viel auf seine gehabten Musiktalente ein. Er bläst jetzt noch auf der Laute zwey ¾ Deutsche mit Virtuosität. Sein Sohn, ein studierender Philosoph, kam gerade auf die Ferien, ich wünsche ihn recht lieb zu gewinnen. Seine Frau ist eine Frau wie alle Frauen, die gnädig heißen wollen. Der Rentmeister paßt ganz zu seinem Amte, ein Mann mit außerordentlichen Einsichten in seine Taschen und

Säcke. Der Doktor, wirklich geschickt, kränkelt mit 24 Jahren wie eine alte Dame. Sehr viel Unnatürliches. Der Chirurgus, mir der liebste, ein achtbarer Greis von 75 Jahren, stets heiter u. froh. Gott gebe jedem ein so glückliches Alter. Der Hofrichter, ein sehr natürlicher, braver Mann. Ein Gesellschafter des Grafen, ein alter lustiger Geselle u. braver Musikant, dient mir oft zur Gesellschaft. Der Koch, die Kammerjungfer, das Stubenmädchen, die Kindsfrau, der Beschließer, 2 Stallmeister, sind gute Leute. Der Koch ziemlich locker, die Kammerjungfer 30 Jahre alt, das Stubenmädchen sehr hübsch, oft meine Gesellschafterin, die Kindsfrau eine gute Alte, der Beschließer mein Nebenbuhler. Die 2 Stallmeister taugen viel besser zu den Pferden als zu den Menschen. Der Graf ziemlich roh, die Gräfin stolz, doch zarter fühlend, die Comtessen gute Kinder. Vom Braten bin ich bisher verschont geblieben. Nun weiß ich nichts mehr; daß ich mit meiner natürlichen Aufrichtigkeit recht gut bey allen diesen Leuten durchkomme, brauch ich euch, die ihr mich kennt, kaum zu sagen...

Und nun, lieben Freunde, lebt alle recht wohl, schreibt mir ja recht bald. Es ist meine theuerste, liebste Unterhaltung Eure Briefe zehnmal zu lesen.

In Zseliz herrschte also noch die in Wien schon weitgehend aufgelockerte Trennung zwischen den adligen Herrschaften und ihren Angestellten. Der Musiker wurde wie eh und je zum Gesinde gerechnet. Er hatte, wie seinerzeit Mozart, mit diesem zusammen seine Mahlzeiten einzunehmen. Interessant für die Bewertung der Dienstleistungen: Der Koch erhielt von allen das höchste Gehalt, nämlich 1100 Gulden. Mit Witz und Menschenkenntnis stellt Schubert diese Umwelt vor; auch wo er Kritik übt, geschieht es gelassen, ohne die Empörung, die Mozart seinerzeit zur Verzweiflung trieb und schließlich den Bruch mit dem Salzburger Erzbischof herbeiführte. Aber Mozart war ja auch fest angestellt, vertraglich verpflichtet, unwürdige Situationen und Kränkungen hinzunehmen. Schubert hatte dagegen freiwillig, nur für die Sommermonate, ein musikalisches Amt übernommen, das ihm spürbare Freude bereitete und zu Kompositionen anregte. Die Situation war absehbar; nebenbei genoß

Das Schlößchen Zseliz in Ungarn des Grafen von Esterhazy, in dem Schubert als Musikmeister der gräflichen Familie die Sommer 1818 und 1824 verbrachte. Aquarell von Seligmann

er die vielen Vorteile, die sie ihm, dem »freischaffenden Musiker«, bot. Als er, fünf Jahre später, noch einmal von der gräflichen Familie engagiert wurde, hatte sich nicht nur seine persönliche Position, sondern auch die gesellschaftliche Anschauung geändert: Er wohnte nun im Schloß und gehörte sozusagen zur gräflichen Familie. Details über das Leben eines Wiener Schulmeisters erfahren wir durch Ignaz Schubert, den älteren Bruder von Franz, den Freidenker der Familie. Er litt unter der bigotten Haltung des Vaters und schrieb nach Zseliz:

Du glücklicher Mensch! Wie sehr ist Dein Los zu beneiden! Du lebst in einer süßen goldenen Freiheit, kannst Deinem musikalischen Genie vollen Zügel schießen lassen, kannst Deine Gedanken wie Du willst hinwerfen, wirst geliebt, bewundert und vergöttert, indessen unsereiner als ein elendes Schullasttier allen Roheiten einer wilden Jugend preisgegeben, einer Schar von Mißbräuchen ausgesetzt ist... Du wirst Dich wundern, wenn ich Dir sage, daß es in unserm Hause schon so weit gekommen ist, daß man sich nicht einmal mehr zu lachen getraut, wenn ich vom Religionsunterricht eine abergläubisch lächerliche Schnurre erzähle... Siehst Du, von allen diesen Dingen bist Du nun frei, bist erlöset, Du siehst und hörst von all diesen Unwesen und besonders von unseren Bonzen nichts mehr, von welchen letzteren man Dir gewiß nicht erst den trostreichen Vers des Hrn. Bürger zurufen muß:

Beneide nicht das Bonzenheer
Um seine dicken Köpfe,
Die meisten sind ja hohl und leer
Wie ihre Kirchturmknöpfe.

Franz antwortete auf die Klagen des Bruders:

Du, Ignaz, bist noch ganz der alte Eisenmann. Der unversöhnliche Haß gegen das Bonzengeschlecht macht Dir Ehre. Doch hast Du keinen Begriff von den hiesigen Pfaffen, bigottisch wie ein altes *Mistvieh*, dumm wie ein *Erzesel*, u. roh wie ein *Büffel*, hört man hier Predigten, wo der so sehr venerierte Pater Nepomucene nichts dagegen ist. Man wirft hier auf der Kanzel mit Ludern, Kanaillen etc. herum, daß es eine Freude ist, man bringt einen Totenschädel auf die Kanzel und sagt: Da seht her, ihr pukerschäkigten G'friser, so werdet ihr einmal aussehen...

Wenn Schubert auch kein Rebell und Revoluzzer war, seine Kritik an den herrschenden Schichten äußerte sich, wie man sieht, mit herzerfrischender Deutlichkeit.

Unter den Werken, die in diesen Monaten entstanden, finden sich verschiedene Klavier-Duos, die er für die Komtessen schrieb. Diese

VARIATIONEN
über ein französisches Lied für das
Piano-Forte auf vier Hände
verfasst und dem
Hn. Ludwig Beethoven
Zugeeignet von seinem Verehrer und Bewunderer
Franz Schubert.
No. 996
10tes Werk
Eigenthum der Verleger.
Wien bey Cappi und Diabelli, Graben No. 1133

In Zseliz entstanden die ›8 Variationen über ein französisches Lied op. 10‹, die Schubert später Ludwig van Beethoven widmete.

Form des Musizierens war damals außerordentlich beliebt, Franz hatte sie sowohl zu Hause wie auch im Konvikt geübt. Seine erste erhaltene Klavierkomposition ist eine ›Fantasie für Klavier zu 4 Händen‹. Partituren sinfonischer Werke oder solche von Opern in dieser Weise zu setzen war damals und noch lange Zeit durchaus üblich. Neben leicht singbaren Liedern, auch mehrstimmigen, wurde das Klavier-Duo zur beliebtesten Hausmusik. In Zseliz entstanden auch ›vierhändige Variationen über ein französisches Lied‹, später »Ludwig van Beethoven zugeeignet von seinem Verehrer und Bewunderer Franz Schubert«. Außerdem, neben ›vier Polonaisen‹, einem ›Rondo in D-Dur für 4 Hände‹ auch Schuberts erste ›vierhändige Klaviersonate‹ und schließlich eine Gruppe zündender ›Marches militaires‹.

Nach der Rückkehr aus Ungarn im November sollte Franz seine Tätigkeit als Schulgehilfe in der Roßau wiederaufnehmen. Der Vater hatte bereits vorsorglich ein Gesuch an die Schulbehörde aufgesetzt, in dem er »gehorsamst darum bat, seinen Sohn Franz Schubert, welcher aus rücksichtswürdigen Ursachen zur Ausbildung seiner von Sachkennern anerkannten Kunsttalente seit einem Jahr den Schuldienst mit Erlaubnis unterbrach, neuerdings als 6. Gehülfen an seiner Schule in Gnaden zu bestätigen«. Der Text ist nicht vollständig: das devote Schreiben ist zerrissen worden. Vom Vater, vom Sohn? Offenbar ist es zu einer erregten Aussprache zwischen ihnen gekommen. Franz zog danach zu Johann Mayrhofer.

Wie sehr ihn das mangelnde Verständnis seines Vaters für sein Freiheitsbedürfnis bedrückte, läßt sich aus der Erzählung ›Mein Traum‹ herauslesen, die er erst 1822 niederschrieb, die aber zweifellos auch von den Kontroversen früherer Zeiten ausgelöst wurde. Ob die Traumerzählung unter dem Einfluß romantischer Dichter wie etwa Novalis und Wackenroder entstand, ist nicht bekannt. Jedenfalls hat die Trennung vom Elternhaus, der schmerzhafte Konflikt mit dem Vater bei der Konzeption eine Rolle gespielt.

Mein Traum

Ich war ein Bruder vieler Brüder und Schwestern. Unser Vater, u. unsere Mutter waren gut. Ich war allen mit tiefer Liebe zugetan. – Einstmals führte uns der Vater zu einem Lustgelage. Da wurden die Brüder sehr fröhlich. Ich aber war traurig. Da trat mein Vater zu mir, u. befahl mir, die köstlichen Speisen zu genießen. Ich aber konnte nicht, worüber mein Vater erzürnend mich aus seinem Angesicht verbannte. Ich wandte meine Schritte und mit einem Herzen voll unendlicher Liebe für die, welche sie verschmähten, wanderte ich in ferne Gegend. Jahre lang fühlte ich den größten Schmerz u. die größte Liebe mich zerteilen. Da kam mir Kunde von meiner Mutter Tode. Ich eilte sie zu sehen, u. mein Vater von Trauer erweicht, hinderte meinen Eintritt nicht. Da sah ich ihre Leiche. Tränen entflossen meinen Augen. Wie die gute alte Vergangenheit, in der wir uns nach der Verstorbenen Meinung auch bewegen sollten, wie sie sich einst, sah ich sie liegen.

Und wir folgten ihrer Leiche in Trauer u. die Bahre versank.

– Von dieser Zeit an blieb ich wieder zu Hause. Da führte mich mein Vater wieder einstmals in seinen Lieblingsgarten. Er fragte mich, ob er mir gefiele. Doch mir war der Garten ganz widrig u. ich getraute mir nichts zu sagen. Da fragte er mich zum zweitenmal erglühend: ob mir der Garten gefiele? Ich verneinte es zitternd. Da schlug mich mein Vater u. ich entfloh. Und zum zweitenmal wandte ich meine Schritte, u. mit einem Herzen voll unendlicher Liebe für die, welche sie verschmähten, wanderte ich abermals in ferne Gegend. Lieder sang ich nun lange lange Jahre. Wollte ich Liebe singen, ward sie mir zum Schmerz. Und wollte ich wieder Schmerz nur singen ward er mir zur Liebe. So zerteilte mich die Liebe und der Schmerz...

Die Erzählung schildert in symbolisch gehobener Weise die Versöhnung von Vater und Sohn: »Er schloß mich in seine Arme und weinte. Noch mehr aber ich.«

Musikalische Übungen

Schuberts Jugend fiel in die große Zeit der Wiener Hauskonzerte. Was jahrzehntelang Privileg der Adligen gewesen war, ging unter veränderten gesellschaftlichen Bedingungen und bei wachsendem Selbstbewußtsein des Bürgertums nach und nach in die Sphäre dieses Standes über. Klavierspiel, Gesang und Kammermusik wurden bevorzugt; das künstlerische Niveau der Darbietungen, die meistens fast nur von Laien ausgeführt wurden, war bemerkenswert hoch. Schon in Franz Schuberts Elternhaus hatte sich, wie erinnerlich, aus dem anfänglichen Familien-Quartett ein leistungsfähiges Kammerorchester entwickelt. Schubert spielte darin, wie seinerzeit im Hausquartett, die Bratsche. Im unmittelbaren Umgang mit Instrumenten und Ausführenden entwickelte sich sein Orchesterstil. Manche der frühen Sinfonien sind für dieses Hausorchester geschrieben: die ›3.‹, die ›tragische 4. Sinfonie‹, die ›5. in B-Dur‹ und die ›6. Sinfonie‹, die sogenannte »›kleine C-Dur‹«.

Von den zahllosen Wiener Hauskonzerten dieser Wiener Jahre waren diejenigen im Hause Kiesewetter besonders interessant. Der k. k. Hofrat Rafael Georg Kiesewetter war »ein musikalischer Gelehrter im edelsten Sinne des Wortes«, wie es über ihn hieß. Er sammelte systematisch bedeutende Werke vergangener Jahrhunderte, übertrug die alten Schlüssel in gebräuchliche Notenschrift und ließ die Stücke in seinem schönen Heim aufführen. Es lag im sogenannten »Hanswurstischen Haus«, Salzgries Nr. 181, und war geräumig genug, um auch Werke mit Kammerorchester vorzustellen. Kiesewetter war aber nicht etwa ein trockner Gelehrter. Er besaß Humor und eine Bildung von großer Vielseitigkeit. So interessierte er sich auch für das Schaffen zeitgenössischer Komponisten. Er ließ aufführen, was ihm davon gefiel, auch Werke von Franz Schubert. Die Beziehung zwischen beiden entwickelte sich freundschaftlich; als die vierzehnjährige Tochter Irene eine Zeitlang der Tanzwut verfiel – einem in Wien sehr verbreiteten Übel –, widmete Schubert ihr eine scherzhafte Kantate ›Der Tanz‹. Sie begann: »Es redet und träumet die Jugend so viel von Tanzen, Galoppen, Gelagen ...«

Auch die Hauskonzerte der Familie Sonnleithner genossen in ganz Wien hohes Ansehen. Dr. Ignaz Sonnleithner – er wurde später geadelt – residierte im »Gundelhof«, einem großen mehrstöckigen Haus, das einige Zeit hindurch auch Sitz der »Gesellschaft der Musikfreunde« wurde. Der Advokat und Professor hatte in seinem Hause »Musikalische Übungen« eingerichtet, an deren Durchführung Liebhaber und Künstler beteiligt waren. Es gab damals ja noch keine strenge Trennung zwischen Dilettant und Fachmusiker: Viele der öffentlichen Orchester waren mit Laien durchsetzt und auf ihre Mitwirkung angewiesen. Ignaz Sonnleithner hatte noch Haydn und Mozart gekannt, er war mit Beethoven befreundet, viele der damals in Wien beliebten Komponisten verkehrten bei ihm. Er trug ihre Werke »nach ihrer Anleitung und in ihrem Geiste« vor. Auch seine Kinder trieben Musik, am intensivsten der älteste Sohn Leopold,

Jurastudent wie Spaun und ebenfalls mit Schubert befreundet. Er setzte sich mit Umsicht und Passion für die Gestaltung der »Musikalischen Übungen« ein, deren Programme, Vorbereitung wie Ausführung, ihm vollständig überlassen waren. Sie fanden in der Privatwohnung der Familie Sonnleithner statt, vom Oktober 1816 an alle vierzehn Tage Freitag abends. Neben Kammermusik und Klavierliedern kamen Duette, Gesangsquartette, Chöre und auch Opernbruchstücke zu Gehör. Der Andrang der Interessenten war bald so groß, daß Eintrittskarten ausgegeben werden mußten, obwohl die schönen Räume mehr als 120 Gäste aufnehmen konnten. Hier wurden auch Schubertsche Werke zuerst vor einem größeren Kreis musikverständiger Hörer aufgeführt. Als erstes die ›Prometheus-Kantate‹, wobei der Hausherr die Titelpartie sang. Das geschah im Januar 1819 und wurde mit lebhaftem Widerhall aufgenommen. Im November erklang Schuberts Vokalquartett ›Das Dörfchen‹, am 1. Dezember 1820 schließlich der ›Erlkönig‹. Der Sänger war ein vorzüglicher Dilettant, August Ritter von Gymnich, der schon bei der ersten Begegnung mit Schuberts Liedern die Genialität des noch unbekannten Komponisten erkannte. In diesem musikalischen Kreise wurde Schuberts Name schnell zum Begriff, und viele der Hörer fragten verwundert, warum noch keiner seiner Gesänge im Druck erschienen sei. Als Leopold Sonnleithner von Schuberts Freund Hüttenbrenner erfuhr, wie unsicher seine finanzielle Lage war und daß er bisher keinen Verleger gefunden hatte, beschloß Sonnleithner, selber etwas zu unternehmen. »Ich trug den ›Erlkönig‹ dem Kunsthändler Tobias Haslinger und Anton Diabelli an. Allein beide verweigerten die Herausgabe, selbst ohne Honorar, weil sie wegen der Unbekanntheit des Komponisten und wegen Schwierigkeit der Klavierbegleitung keinen lohnenden Erfolg erwarteten. Durch diese Zurückweisung verletzt, entschlossen wir uns, die Herausgabe auf Schuberts Rechnung selbst zu veranstalten. Ich, Hüttenbrenner und noch zwei Kunstfreunde legten die Kosten des ersten Heftes aus eigenem zusammen und ließen im Februar 1821 den ›Erlkönig‹ stechen. Als mein Vater in einer Soiree bei uns mündlich ankündigte, daß der ›Erlkönig‹ zu haben sei, wurden an

›Erlkönig‹, Faksimile der Urschrift

demselben Abend hundert Exemplare von den Anwesenden gekauft, und die Kosten des zweiten Heftes waren gedeckt. So ließen wir die zwölf ersten Werke für eigene Rechnung stechen und bei Anton Diabelli in Kommission verkaufen. Von dem reichlichen Erlös zahlten wir Schuberts Rückstände an Wohnsitz, Schuster und Schneiderkonto, im Gasthause und Kaffeehause und gaben ihm noch erhebliche Geldbeträge in die Hand. Leider bedurfte es einer solchen Bevormundung, denn er hatte keinen Begriff von häuslicher Ökonomie ...«

Diese Werke erbrachten in kurzer Zeit einen Reinertrag von 1200 fl. k. M. Schuberts wirtschaftliche Lage wäre durch diese Aktion seiner Freunde auf Jahre hinaus gesichert gewesen. Leider ließ er sich in einem Augenblick der Geldverlegenheit sämtliche Platten der bisher erschienenen Werke für nur 800 Gulden, etwa 320 Mark, vom Verleger abkaufen. Allein ein Lied, ›Der Wanderer‹, hat Diabelli im

Laufe der Jahre 27000 Gulden eingebracht! Schubert hatte die Transaktion, in seiner geschäftlichen Ahnungslosigkeit, ohne vorherige Rücksprache mit den Freunden vorgenommen. Doch keiner hat ihm diesen unüberlegten Schritt ernsthaft verübelt. Sie halfen weiter.

Das Jahr 1819 brachte für Schubert noch eine weitere erfreuliche Wendung: Zum ersten Mal konnte er eine private Reise, eine Erholungsreise, antreten. Und zwar mit Vogl, der aus Steyr stammte und alljährlich Heimat und Freunde besuchte. Er hatte Schubert einen Auftrag des »Kärntnertor-Theaters« verschafft, die Musik zu einer Posse oder »Operette« zu komponieren. Der Text, vom Hausdichter der Bühne, Georg von Hofmann, war nach einer französischen Vorlage entstanden. Es war ein schwaches Werk, das sich auf die billige Verwechslung zweier Zwillingsbrüder stützte, also eine Doppelrolle für Vogl bot. Schubert erhielt auf Vogls Veranlassung einen Vorschuß auf seine Komposition, und so reiste er im Juli mit dem Sänger seiner Lieder unbeschwert und glücklich in die Berge.

Damals, in der Zeit der erst beginnenden Industrialisierung, bot sich die Landschaft noch ganz unentstellt dar. Die Straßen, die verschiedenartigen Bauten paßten sich den ursprünglichen Formen der Natur an, sie veränderten diese nicht. Jede Wanderung vermittelte Eindrücke von ihrer unverbildeten Schönheit. Für Schubert war damit ein tiefes Gefühl der Geborgenheit, des Einswerdens mit der Natur verbunden. Er hatte ähnliche Stimmungen schon in der ländlichen Umgebung Wiens erfahren. Nun breiteten sich vor ihm unbekannte Landschaften aus, er lernte die großartige Schönheit der Gebirgsformationen kennen. In einem Brief an den Bruder Ferdinand steht als Nachschrift: »Die Gegend um Steyr ist über alle Begriffe schön!«

Tatsächlich ist der Ort, der am Zusammenfluß von Enns und Steyr liegt, einer der malerischsten in Oberösterreich, und viele alte Häuser, z.T. aus dem 15. Jahrhundert, die wohlerhalten blieben, verleihen seiner Atmosphäre noch heute zeitlosen Reiz.

Schubert wurde von einem Musikliebhaber, Dr. Albert Schellmann, und seiner Familie herzlich aufgenommen. Er berichtete bald nach seiner Ankunft an Ferdinand:

»In dem Hause, wo ich wohne, befinden sich 8 Mädchen, beynahe alle hübsch. Du siehst, daß man zu tun hat. Die Tochter des Herrn von Koller, bei dem ich und Vogl täglich speisen, ist sehr hübsch, spielt brav Klavier und wird verschiedene meiner Lieder singen.«

Einmal kam es zu einer Wiedergabe des ›Erlkönigs‹ auf ganz besondere Art: Schubert sang den Vater, Josefine von Koller das Kind, Vogl den Erlkönig, und Albert Stadler, den Schubert vom Konvikt her kannte, begleitete. Das Ganze war mehr als Scherz, denn als ernst zu nehmendes Experiment gedacht. Besonders gern wurde bei dem bekanntesten Musikfreund von Steyr musiziert, Sylvester Paumgartner. Er war Vicefaktor der Hauptgewerkschaft, ein wohlhabender Junggeselle, der auch etwas Cello spielte. Die Wiener Klassiker verehrte er über alles; ihre Bildnisse schmückten seinen Salon. In seinem Kammermusiksaal fand sich oft der Freundeskreis zusammen. Von Schuberts Liedern liebte Paumgartner besonders ›Die Forelle‹, er bestellte bei dem Komponisten ein Quintett, in dem das Thema dieses Liedes die Grundlage eines Variationensatzes bilden sollte. So entstand nach Schuberts Rückkehr nach Wien sein beliebtestes Kammermusikwerk: das ›Forellenquintett‹. In ihm spiegelt sich die Heiterkeit der sommerlichen Umwelt und das Glücksgefühl des Komponisten, der zum ersten Mal so viel Weite, so viel wechselnde Landschaftseindrücke, so viel fröhliche Zuwendung eines großen, ihm zunächst fremden Menschenkreises erfuhr. Es ist das erste Kammermusikwerk mit Klavier, das ganz Schubert ist. Die Besetzung – Violine, Bratsche, Cello, Baß und Klavier – ist apart; die durchsichtige Klarheit der Klavierpartie, die Gleichgewichtigkeit des Klanges zwischen diesem und den Streichern verleiht dem Stück etwas Schwebendes, Tanzendes: ein Schweben, ein Tanzen von fröhlicher Diesseitigkeit. Das ›Forellenquintett‹ wurde in Wien probiert und dann an den Auftraggeber geschickt. Und dort, am Ort seiner vorgeburtlichen Entstehung, fand dann die eigentliche Uraufführung statt; wie so häufig in ähnlichen Fällen, ohne Schubert.

Von Steyr aus besuchten Schubert und Vogl die Heimatstadt Josef von Spauns. Sie wurden in Linz von seinen Angehörigen freundschaftlich aufgenommen; es war der Auftakt für spätere, ausführlichere Besuche. Dieses Mal nahm Schubert den Abglanz der heiteren Tage in die Wiener Alltäglichkeit, in sein Musizieren mit hinein wie etwas Kostbares. Man weiß von keiner Liebesgeschichte, von keinem besonderen Erlebnis der Reise. Aber in seinen Werken wird die Stimmung dieses Sommers wie ein tiefes Atemholen spürbar.

Damals in Wien

Der Sieg über Napoleon, der Wiener Kongreß, die allgemeine Sehnsucht nach Völkerfreiheit und individueller Lebensgestaltung hatten Wien für einige Jahre zu einer Stätte der Begegnungen gemacht. Bereits in den Jahren nach der deutschen Niederlage bei Jena und Auerstädt waren Romantiker aus Heidelberg und Jena nach Wien geflüchtet. August Wilhelm von Schlegel, Shakespeare- und Calderon-Übersetzer, erschien mit Frau von Staël und hielt Vorträge über dramatische Kunst und Literatur; Friedrich von Schlegel kam etwas später mit seiner Frau Dorothea, einer Tochter des Berliner Philosophen Moses Mendelssohn. Beide Schlegels entwickelten in der Zeitschrift ›Prometheus‹ den Gedanken, daß Wien etws Größeres und Imponierenderes als Weimar werden müsse: die »Hauptstadt der deutschen Romantik«! Wenn auch der nationale Aufschwung in Wien nur kurze Zeit angehalten hatte: für die jungen Idealisten wirkte der romantische Traum vom mittelalterlichen Kaiserreich noch immer nach. Zudem gab es zunächst manche Anzeichen für eine Liberalisierung, so die berühmte Zensurvorschrift vom Jahre 1810, in der sich Nachklänge der Josefinischen Epoche anzudeuten schienen:

»Kein Lichtstrahl, er komme woher er wolle, soll in Zukunft unbeachtet und in der Monarchie unerkannt bleiben. Fehler der Staatsverwaltung und Mißgriffe der Behörden können aufgedeckt und Verbesserungen angedeutet werden, nur muß dies in einer würdigen und bescheidenen Form geschehen.«

Das klang lockend und überzeugend. Leider wurde die Vorschrift nie zum Gesetz erhoben.

Der Zustrom begabter junger Künstler und Akademiker aus Deutschland hielt an. Unter ihnen war auch Heinrich von Kleist, damals ein leidenschaftlicher Gegner Napoleons. Auf der Fahrt nach Wien erfuhr er von der Schlacht bei Aspern und unterbrach seine Reise, um das Schlachtfeld zu besichtigen. Die mißtrauische österreichische Polizei hielt ihn für einen französischen Spion und verhaftete ihn! Als sein ›Käthchen von Heilbronn‹ im März 1810 im Theater an der Wien zur Uraufführung gelangte, war Kleist längst wieder in Berlin. Joseph von Eichendorff kam im Herbst des Jahres nach Wien. Er wollte hier die Rechtsprüfung ablegen und hoffte auf eine Anstellung im Staatsdienst. Statt dessen schrieb er seinen ersten großen Roman, ›Ahnung und Gegenwart‹, von Friedrich von Schlegel mit väterlichem Verständnis aufgenommen, von Dorothea bei der Durchsicht des Manuskriptes unterstützt. Ein Jahr später siedelte der Bergstudent Theodor Körner aus Dresden, zwanzig Jahre alt, nach Wien über. Sein Drama ›Zriny‹, das die Türkenkämpfe behandelt, wurde erfolgreich aufgeführt, andere Werke von ihm folgten. Der Aufruf Friedrich Wilhelms III. zum Freiheitskampf gegen Napoleon veranlaßte ihn jedoch – wie auch Eichendorff –, sich freiwillig bei den Lützower Jägern zu melden. Körner fiel im August 1813. Schubert ist ihm in seiner Wiener Zeit mehrfach begegnet; er hat nicht nur einige Gedichte von ihm, sondern auch einen Einakter vertont. Körner soll ihm lebhaft zugeredet haben, sich ganz der Musik zu widmen.

Fünf Jahre später kam auch Wilhelm Müller nach Wien. Seine Gedichtzyklen sollten für Schubert schicksalhafte Bedeutung erlangen. Begegnet sind sich die beiden aber nicht. Wilhelm Müller reiste als Sekretär eines kunstbegeisterten Barons, es sollte nach Italien, Griechenland und Ägypten gehen. Er lernte deshalb während des Wiener Aufenthaltes eifrig Neugriechisch und schrieb Kritiken über interessante Theaterereignisse für den ›Berliner Gesellschafter‹. Bereits in Italien trennte er sich von seinem Mentor: Wilhelm Müller ist weder nach Griechenland noch nach Ägypten gekommen. Durch den freundschaftlichen Verkehr mit freiheitlichen Griechenführern war sein Interesse für die Sorgen und Leiden dieses unterdrückten

Theodor Körner, hier 1808 als Freiberger Bergstudent, kam 1811 nach Wien und wurde mit seinem Drama ›Zriny‹ erfolgreich. Er stand Schubert nahe und hat ihm zugeredet, sich ganz der Musik zu widmen. Schubert hat Gedichte und einen Einakter von ihm vertont.
Unbezeichneter Holzschnitt

Volkes geweckt worden. Aus unmittelbaren, ganz spontanen Gefühlen entstanden seine schwungvollen Griechenlieder. Sie wurden gedruckt; bereits sechs Wochen nach Erscheinen war die 1. Auflage vergriffen! Die Lieder fanden ihren Weg durch ganz Europa und riefen überall eine Welle der Teilnahme und des Verständnisses hervor. Der Autor ging durch diese Gedichte als »Griechenmüller« in die Literaturgeschichte ein. Von seinen Zyklen ›Die schöne Müllerin‹ und die ›Winterreise‹, die Schubert vertont hat, wird später die Rede sein.

Die euphorische Stimmung der Kongreßzeit hielt nicht lange an. Die Ermordung Kotzebues durch den Studenten Sand in Karlsruhe hatte, wie schon berichtet, auch bei den Wiener Behörden einen schweren Schock hervorgerufen. Es entwickelte sich eine Atmosphäre von Angst und Mißtrauen; Franz I., ohnehin rückständig, wollte nichts mehr von Reformen und konstitutionellen Änderungen hören. »Jetzt bringen mir wiederum alles aufs Alte z'ruck«, soll er geäußert haben. Im Mai und August 1819 beschlossen Delegierte aus Österreich und zehn deutschen Staaten energische Maßnahmen gegen »den revolutionären Geist, gegen Aufruhr und Unordnung« zu ergreifen. Metternich, seit 1809 Staatskanzler und Minister, erklärte: »Der Grundsatz, den die Monarchen dieser universalen Zerstörung entgegen setzen müssen, ist der der Erhaltung alles dessen, was legal vorhanden ist. Das einzige Mittel, unser Ziel zu erreichen kann nur sein, keine Neuerungen einzuführen.« Sein Polizeipräsident, Graf von Sedlnitzky, stimmte dem zu. Er verschärfte die Pressezensur, vereinsmäßiges Turnen und Schwimmen wurden verboten, das Zusammentreffen von Künstlern und Studenten, namentlich der Verkehr mit den Ausländern gleichen Standes und gleicher Interessen, mit Mißtrauen beobachtet. Die Zeit der »Naderer«, der Spitzel, war angebrochen. Die enttäuschten jungen Leute machten sich über den ängstlichen Kleinmut, die bürokratische Ahnungslosigkeit der Behörden lustig; da jeder Ausweg in freie geistige Bezirke verboten wurde, floh man in die Kunst. Musik und Theater wurden in diesen Jahren des Vormärz zu wichtigen Ausdruckselementen der inneren Unzufriedenheit, der Sehnsucht nach neuen Formen individueller und künstlerischer Freihcit.

Schubert ist, bis auf die bereits erwähnte Verhaftung während eines Besuches bei dem verdächtigen Johann Michael Senn, von ärgeren Brüskierungen verschont geblieben. Doch hatte er Kenntnis von diesen Dingen und lebte mit und neben Menschen, die an der Zeit und ihrem Ungeist litten. Eines Tages formte sich das Unbehagen, zu dem auch persönliche Nöte und Enttäuschungen beigetragen hatten, zu einem Gedicht, das er seinem Freund Franz von Schober sandte, der sich damals in Breslau aufhielt. Schubert nannte seine Verse:

Klage an das Volk

O Jugend unserer Zeit, du bist dahin!
Die Kraft zahllosen Volks, sie ist vergeudet,
Nicht *einer* von der Meng' sich unterscheidet,
Und nichts bedeutend all vorüberzieh'n.

Nach weiteren Strophen heißt es zum Schluß:

Nur dir, o heil'ge Kunst, ist's noch gegönnt
Im Bild die Zeit der Kraft und That zu schildern,
Um weniges den großen Schmerz zu mildern,
Der nimmer mit dem Schicksal sie versöhnt.

Schubert war kein Dichter des Wortes – er dichtete mit Noten. Aber die hintergründige Stimmung jener Jahre spiegelt sich doch in den unbeholfenen Versen. Sicher ist für ihn die politische Bedrükkung nie zur wesentlichen Triebfeder seiner schöpferischen Phantasie geworden. Diese war in Bezirken angesiedelt, die solcher Anreize nicht bedurften. Aber er empfand den Schmerz seiner Freunde, seine Sensibilität litt unter der flachen Banalität, die sich des allgemeinen Geschmacks zu bemächtigen begann.

Dreimal in seinem Leben trat die Möglichkeit einer festen Stellung

Fürst Metternich bestimmte zu Schuberts Zeit und bis zum Jahre 1848 Österreichs Politik.

an Schubert heran. Beim ersten Mal, als es um eine Musiklehrerstelle in Laibach ging, bemühte er sich, wie schon berichtet, ernstlich darum. Sein Gesuch wurde abschlägig beschieden, und Therese Grob, seine Jugendliebe, heiratete nach dreijähriger Wartezeit schließlich einen anderen.

Franz Schubert mußte in den folgenden Jahren einsehen, daß bürgerliche Sicherheit und biedermeierisches Behagen mit seinen strengen künstlerischen Forderungen nicht vereinbar waren. Als ihm Moritz von Schwind im Jahre 1825 mitteilte, daß der Hoforganist Johann Hugo Worzischek »auf den letzten Füßen gehe« und der »Hoforganismus ernstlich betrieben sein wolle«, reagierte Schubert nicht einmal. Die Stelle wurde auch nicht ausgeschrieben, sondern mit Worzischeks Stellvertreter besetzt. Einmal noch, im April 1826, bewarb sich Schubert in einem Gesuch bei dem »Allergnädigsten Kaiser« um die »allergnädigste Verleihung der erledigten Vice-Hofkapellmeisters Stelle« und unterstützte sein Gesuch mit folgenden Gründen:

1. Ist derselbe von Wien gebürtig, der Sohn eines Schullehrers und 29 Jahre alt.
2. Genoß derselbe die allerhöchste Gnade, durch 5 Jahre als Hofsängerknabe Zögling des k. k. Conviktes zu seyn.
3. Erhielt er vollständigen Unterricht in der Composition von dem gewesenen ersten Hofkapellmeister Herrn Anton Salieri, wodurch er geeignet ist, jede Kapellmeisters Stelle zu übernehmen, laut Beylage A.
4. Ist sein Name durch seine Gesangs- und Instrumental-Composition nicht nur in Wien, sondern in ganz Deutschland günstig bekannt, auch hat er
5. Fünf Messen, welche bereits in verschiedenen Kirchen Wiens aufgeführt wurden, für größere und kleinere Orchester in Bereitschaft.
6. Genießt er endlich gar keine Anstellung und hofft auf dieser gesicherten Bahn sein vorgestecktes Ziel in der Kunst erst vollkommen erreichen zu können.

Der allergnädigsten Bittgewähr vollkommen zu entsprechen, wird sein eifrigstes Bestreben seyn.

Unterthänigster Diener
Franz Schubert

Nach längerem Hin und Her entschied sich der Kaiser im Januar 1827 für den bereits pensionierten Hoftheater-Kapellmeister Josef Weigl, den beliebten Komponisten des Singspiels ›Die Schweizerfamilie‹. Weigl hatte sich gar nicht beworben, aber seine Berufung war sachlich berechtigt und außerdem die billigste Lösung. Als Schubert von diesem Ausgang der Angelegenheit erfuhr, soll er zu Josef von Spaun gesagt haben: »Gerne hätte ich diese Stelle erhalten mögen; da sie aber einem so würdigen Mann, wie Weigl, verliehen wurde, muß ich mich wohl damit zufrieden geben.«

Das klingt, wie so häufig bei Schubert, gelassen, keineswegs gekränkt. Im Innersten war er wahrscheinlich sogar erleichtert. Weil sein Arbeitsrhythmus nicht verändert wurde, weil er die wichtigsten Stunden der schöpferischen Konzentration, die für ihn in den langen Vormittagen lagen, weiter für sich verwenden konnte, ungestört durch Proben und Aufführungen von Werken anderer. Spaun schrieb einmal: »Schubert war ungemein fruchtbar und fleißig im Komponieren. Für alles andere aber, was Arbeit heißt, hatte er keine Lust.«

Man fühlt sich bei dieser Bemerkung an Schuberts Worte zu Josef Hüttenbrenner erinnert: »Mich soll der Staat erhalten, ich bin für nichts als das Komponieren auf die Welt gekommen.«

Der Staat hat Schubert nicht erhalten, aber komponiert hat er bis zum letzten Atemzug.

»Durch ihn wurden wir alle Brüder und Freunde«

Die folgenden Jahre gaben Schubert das beglückende Bewußtsein des Aufstiegs, des bescheidenen, aber stetig wachsenden Erfolges. Er erlebte die Anteilnahme immer neuer, musikverständiger Kreise; er wurde in die vornehme Gesellschaft aufgenommen. Einige Widmungen an bekannte Persönlichkeiten des Wiener Kulturlebens brachten freundliche Zustimmung, begeisterte Briefe, manchmal auch finanzielle Zuwendungen, die der arme Musikant nur zu gut brauchen konnte. Auch wo der Erfolg sich in Grenzen hielt, wie bei der Posse mit Gesang ›Die Zwillingsbrüder‹ von Hofmann, die im Juni 1820 in der Hofoper mit Schuberts Musik zur Uraufführung kam und sechsmal wiederholt wurde, ist plötzlich sein Name im Gespräch. Es erscheinen ausführliche Besprechungen, manche sogar in auswärtigen Blättern. Anselm Hüttenbrenner, der Schubert durch den Unterricht bei Salieri kannte, berichtet über die Premiere:

»Bei der ersten Vorstellung saß ich mit Schubert auf der letzten Galerie. Er war ganz glücklich, daß die Introduktion mit gewaltigem Applaus aufgenommen ward. Alle Nummern, in denen Vogl beschäftigt war, wurden lebhaft beklatscht. Am Schluß wurde Schubert stürmisch gerufen, er wollte jedoch nicht auf die Bühne hinabgehen, da er einen alten Kaputrock anhatte. Ich zog eiligst meinen schwarzen Frack aus und persuadierte ihn, denselben anzuziehen und sich dem Publikum zu präsentieren, was ihm sehr nützlich gewesen wäre; er war aber zu unentschlossen und scheu. Da das Hervorrufen kein Ende nehmen wollte, trat endlich der Regisseur hervor und meldete, Schubert sei im Opernhaus nicht anwesend, was dieser selbst lächelnd anhörte. Darauf gingen wir in Lenkers Gasthaus in der Singerstraße, wo wir mit einigen Seideln Nessmüller den glücklichen Sukzeß der Operette zelebrierten.«

Schon im August des gleichen Jahres kam Schubert wieder mit einer dramatischen Musik zu Gehör. Dieses Mal hatte ihn das »Theater an der Wien« beauftragt, Musik zu der ›Zauberharfe‹ zu schreiben, die zum Benefiz des Dekorateurs, Maschinisten und Kostümiers aufgeführt werden sollte. Das Buch, wieder von Hofmann, war eine Art Pantomime, textlich flach, mit haarsträubenden Kulissentricks bestückt. Schubert schrieb die Musik dazu in wenigen Wochen, und das »Spektakelstück« ging am 19. August in Szene. Dieses Mal war der Erfolg einzig und allein seiner Musik zu danken; doch für den Komponisten wirkte sich diese Tatsache nicht aus. Das Theater war nämlich zahlungsunfähig geworden – Schubert hat das vereinbarte Honorar von 500 Gulden nie erhalten. Die schöne Ouvertüre zu diesem Werk, die er später dem romantischen Schau-

Morgen Mittwoch den 7. März 1821
wird
in dem k. k. Hoftheater nächst dem Kärnthnerthore
mit hoher Bewilligung,

eine große musikalische Akademie

mit Declamation und Gemählde-Darstellungen

verbunden, gegeben werden.

Die einzelnen Gegenstände sind folgende:

Erste Abtheilung:

1. Die Ouverture des Schauspiels: Die Templer auf Cypern.
2. Ein Tableau: Die von Abraham verstoßene Hagar, nach Vandyck, dargestellt von Dlle. Hruschka, k. k. Hofschauspielerinn, Mad. Vogel, k. k. Hofoperistinn, Hrn. Vogl, k. k. Hofoperisten, Dlle. Kraft d. ält., Dlle. Pichler, Herren Pfeiffer, Segatta, Rossi und anderen Mitgliedern des Balletcorps.
3. Eine Arie von Mozart, gesungen von Dlle Wilh. Schröder
4. Der erste Satz des zweyten Violinconcertes von L. Spohr, gespielt von Hrn. Leon de St. Lubin, dermaligem Schüler des Hrn. Professors der Violine, Joseph Böhm.
5. Der kleine Gernegroß, ein Gedicht von Langbein, vorgetragen von Mad. Wilhelmine Korn, k. k. Hofschauspielerinn.
6. Das Dörfchen, ein Gedicht von Bürger, für zwey Tenor- und zwey Baßstimmen gesetzt von Hrn Franz Schubert, vorgetragen von den Herren Götz und Barth, in Diensten Sr. Durchlaucht des regierenden Herrn Fürsten von Schwarzenberg, und den Herren Nejebse und Umlauf.
7. Variationen für das Pianoforte, componirt von Hrn. Hugo Worzizek, auf zwey Instrumenten gespielt von den zwey Dlles Schadt.
8. Ein Tableau: Sokrates vor seinen Richtern, nach Füger, dargestellt von dem Hrn. Aichinger Vater und Sohn, Reiperger d. ält., Destefani, Rossi, Jos Kohlnberg, Pfeiffer, Wiesenbeck, Segatta und anderen Mitgliedern des Balletcorps.

Zweyte Abtheilung:

9. Die Ouverture der Oper die Zauberglocke (la Clochette), von Boieldieu.
10. Eine Arie von Mozart: Da ich einsam vor dir stehe, gesungen von Dlle. Unger, k. k. Hofoperistinn.
11. Die Gräfinn Spastara im Erdbeben von Messina, 1785, ein Gedicht, vorgetragen von Mad. Sophie Schröder, k. k. Hofschauspielerinn.
12. Der Erlkönig, Gedicht von Göthe, in Musik gesetzt von Franz Schubert, vorgetragen von Hrn. Vogl, k. k. Hofoperisten, auf dem Pianoforte begleitet von Hrn. Anselm Hüttenbrenner.
13. Adagio und Rondo für das Violoncell von Bernhard Romberg, gespielt von Hrn. Pechaczek.
14. Duett aus der Oper: Riccardo e Zoraide, von Rossini (Invan tu fingi, ingrata), gesungen von den Dlles Schröder und Unger.
15. Der Gesang der Geister über den Wassern, Gedicht von Göthe, für vier Tenor- und vier Baßstimmen gesetzt von Hrn Franz Schubert, vorgetragen von den Herren Götz, Barth, Nejebse, Umlauf, Weinkopf, Frühwald und zwey Chorsängern.
16. Ein Tableau: Aurora, nach Guido Reni, dargestellt von Hrn. Taglioni, erstem Tänzer der k. k. Hoftheater, und den Dlles. Neuwirth, Mayer, Krepatz, Kreiner, Wittwer, Eisele, Pichler, Kraft d. ält., Fanny Eßler und anderen Mitgliedern des Balletcorps.

Herr Kapellmeister Gyrowetz hat die Leitung dieser Akademie, und Herr Philipp von Stubenrauch die Anordnung der Tableaux übernommen.

Die Einnahme wird von der Gesellschaft adeliger Frauen zur Beförderung ihrer wohlthätigen Zwecke verwendet.

Sämmtlichen Personen, welche mit der menschenfreundlichsten Bereitwilligkeit ihre Talente und Bemühungen gewidmet haben, wird hiermit der verbindlichste Dank abgestattet.

Die Eintrittspreise sind wie gewöhnlich. Die Freybilletten sind ohne Ausnahme ungültig. Die gesperrten Sitze sind an der k. k. Hoftheater-Casse, die Logen aber bey der Frau Therese Landgräfinn von Fürstenberg, geb. Fürstinn von Schwarzenberg, in der Himmelpfortgaß. im Fürstenbergischen Hause Nro. 952. im 2. Stock zu haben.

Der Anfang ist um 7 Uhr.

K. u. k General-Intendanz der k. k. Hoftheater, Wien

Programm der ersten öffentlichen Aufführung des ›Erlkönig‹

spiel ›Rosamunde von Zypern‹ voranstellte, wird heute unter dem Namen ›Rosamunden-Ouvertüre‹ häufig gespielt.

Am 7. März 1821 fand im »Kärntnertor-Theater« eine große musikalische Akademie mit Deklamation und Gemäldedarstellungen statt, die von der »Gesellschaft adliger Damen zur Beförderung des Guten und Nützlichen« veranstaltet wurde. Es war ein sogenannter Normatag, Aschermittwoch, ein Tag, an dem aus religiösen Gründen keine Schauspiele gegeben werden durften. Das Programm war sehr bunt, es enthielt neben Opernarien und Deklamationen auch lebende Bilder; in einem trat die damals erst zehnjährige, später so berühmte Tänzerin Fanny Elßler auf. Außer mehrstimmigen Gesängen von Schubert kam auch sein ›Erlkönig‹ zu Gehör. Und dies wurde *das* Ereignis des Abends! Anselm Hüttenbrenner berichtet: »Vogl sang das Lied mit solcher Gediegenheit und Begeisterung, daß es wiederholt werden mußte. Ich spielte die Begleitung hierzu auf einem neuen Flügel von Konrad Graf. Schubert, der seine eigene Komposition so gut wie ich hätte spielen können, war aus Scheu nicht dazu zu bewegen. Er begnügte sich neben mir zu stehen und umzublättern.«

Der Kreis um Schubert erweiterte sich ständig. Spaun machte ihn mit neuen Musikfreunden und Kennern bekannt: mit dem Hofrat Witteczek, dem Klavierspieler Josef von Gahy, der eigentlich Konzeptspraktikant war, und noch vielen anderen, die bürgerliche oder akademische Berufe ausübten und sich nebenbei mit beachtlichem Können am Musizieren beteiligten. »Alle diese waren begeisterte Anhänger Schuberts, und durch ihn wurden wir alle zusammen Brüder und Freunde.«

In dieser Zeit wird im Freundeskreis zum ersten Mal von einer *Schubertiade* gesprochen; sie fand bei Franz von Schober am 26. Januar 1821 vor vierzehn seiner guten Bekannten statt. »Da wurden eine Menge herrlicher Lieder Schuberts von ihm selbst gespielt und gesungen, was bis nach 10 Uhr abends dauerte. Hernach wurde Punsch getrunken, den einer aus der Gesellschaft gab, und da er sehr gut und in Menge da war, wurde die ohnehin schon fröhlich gestimmte Gesellschaft noch lustiger, so wurde es 3 Uhr morgens, als wir auseinandergingen.«

Viele von Schuberts Freunden waren auch literarisch interessiert, einige dichteten selber. Eine Zeitlang traf man sich im Extrazimmer des Gasthauses »Zur ungarischen Krone«, um neue und alte Meisterwerke kennenzulernen. Diese Zusammenkünfte wurden scherzhafterweise »Kanevas-Abende« genannt, weil Schubert stets, wenn ein neuer Name unter den Teilnehmern auftauchte, die Frage stellte: »Kann er was?« Es ist nicht genau überliefert, welche literarischen Werke gelesen wurden. Die Spitznamen der Teilnehmer geben gewisse Hinweise. Sie stammten aus dem Nibelungenlied, aus Werken von Shakespeare, Goethe, Fouqué und solchen anderer romantischer Dichter, die im Gerpräch waren. Schober wurde *der grimme Hagen* genannt, Schubert *Volker der Spielmann;* es gab einen *Prinz Heinrich,* einen *Doktor Faust* unter den Teilnehmern. Auch Vertreter der bildenden Künste nahmen teil, als jüngster Moritz von Schwind.

Die Freunde nannten ihn *Giselher das Kind.* Er war, als er Schubert kennenlernte, erst siebzehn Jahre alt, ein schlanker Jüngling, blond, mit blitzenden blauen Augen, überschäumendem Temperament und »immer in Unruhe, immer in Erregung. Es ist, als wollte er sich aufzehren«. So Bauernfeld. Von Kindheit an hatte er gemalt und gezeichnet; Schulbücher, Briefe und freie Wände wurden von den Einfällen seiner malerischen Phantasie geschmückt. Die Eltern freuten sich daran, ermunterten ihn auch; ernsthafter Malunterricht wurde nicht in Betracht gezogen. Übrigens war Moritz als echter Wiener ebenfalls musikalisch begabt; er spielte Geige, Gitarre und sang auch. »Einen Mund voll Musik muß einer täglich haben«, war seine ständige Rede. Als er in das Wiener Schottengymnasium eintrat, konnte er dank seiner Begabung und Intelligenz gleich mehrere Schulklassen überspringen, so daß er bereits mit vierzehn Jahren die Universität bezog! Ein so früher Studienbeginn war damals offenbar nichts Ungewöhnliches. Als der zwölfjährige Kupelwieser in die Kunstakademie aufgenommen wurde, hatte er zwei gleichaltrige Mitschüler, und auch Franz Schuberts Bruder Karl war erst sechzehn Jahre alt, als er in die Akademie eintrat.

Moritz sollte nach dem Plan der Eltern Hofbeamter werden. Sein Vater, ein hochgebildeter Mann, war Diplomat; er starb bereits 1818. Die ebenfalls kunstverständige Mutter blieb mit sechs Kindern, drei Söhnen und drei Töchtern, zurück; der Lebensstil des Hauses änderte sich mit einem Schlage. Die vaterlose Familie zog in einen Trakt des Hauses »Zum goldenen Mondschein«, Alte Wieden Nr. 102. Und hier begann ein Lebensabschnitt für den jugendlichen Schwind, der seine ganze weitere Entwicklung bestimmen sollte. Das »Mondscheinhaus« lag an einer Terrainstufe; von der Nordfront aus hatte man einen weiten Blick über die Innere Stadt und das Glacis, die Südfront stieß ebenerdig an einen Hofraum. Dieser lag neben der

Karlskirche, so daß man den Klang ihrer Orgel hier gut hören konnte. Über das Leben der jungen Geschwister und ihrer Freunde berichtet Schwinds späterer Biograph, Lukas von Führich:

»Das Ganze bildete mitten in Wien eine Insel der ungebundensten Ländlichkeit, wie sie in solcher Urwüchsigkeit großer Reichtum nicht zu gewähren vermocht hätte. Natur und Kunst standen da lebendig zusammen. Das ›Platzl‹, wie der Hofraum genannt wurde, war nur Fortsetzung des Zimmers, die Zimmer Unterstand vor der Witterung. In der Laube wurde gezeichnet, studiert, des Abends der Aufgang eines Sternes beobachtet, ja, in schönen Nächten trug man seine Matratze ins Freie, um dort zu schlafen. Dort wurde geturnt, ... im Winter (wurden) Schneewälle und Sphinxe errichtet und vollständige Schlachten unter Zitierung homerischer Verse geliefert.

... Schmalhans war sehr hartherziger Küchenmeister. Das war aber weit mehr fördernd als hindernd für den brüderlichsten Kommunismus, für selbstverständliche Bedürfnislosigkeit und Geringschätzung des Äußeren... Wie oft konnte man den Tabak ›Goldstaub‹ nicht erschwingen, wie fehlte es nach allen Seiten, nur nicht an dem Jugendmute und der Fähigkeit, alles fröhlich und selbst poetisch aufzufassen...

Im alten ›Mondscheinhaus‹, auch ›Schwindien‹ genannt, gingen Schubert und dessen Freunde ein und aus. Es war einer der beliebtesten Versammlungsorte der ›Schubertianer‹. Hier wurden manche Kompositionen Schuberts im Freundeskreis zum erstenmal vorgetragen, kritisiert, vom Jubel der Freunde begrüßt; die Dichter Schober, Bauernfeld, Kenner, Senn lasen die Früchte ihrer lyrischen und dramatischen Muse vor; man berauschte sich an den Werken der damals modernsten Poeten... Die farbenprächtigen Dichtungen der Minnesänger zauberten vor die Augen der Jünglinge den Glanz des Mittelalters mit seinen Rittern und Abenteuern, Burgen und Schlössern. Keiner, der mit dem Treiben in jener Behausung, ›Schwindien‹ genannt, in Berührung kam, konnte es vergessen...«

Drei Jahre lang besuchte Moritz, innerlich widerstrebend, die juristischen Vorlesungen der Wiener Universität. Am meisten fesselten ihn die Vorträge des freisinnigen Religionswissenschaftlers

Das »Haus zum Goldenen Mondschein«, in dem die Familie Schwind wohnte, war einer der beliebtesten Versammlungsorte der Schubertianer. Zeichnung von Moritz von Schwind

Vinzenz Weintridt. Dieser bezog auch Kunst und Literatur in seine Betrachtungen ein, hatte Verständnis für die Probleme der Studierenden und ermutigte junge Künstler, wie Schwind und den gleichaltrigen Eduard von Bauernfeld. Beide gehörten später zum engsten Freundeskreis Schuberts. Doch Weintridt wurde wegen »allzu freisinniger Tendenzen« seines Amtes enthoben, ebenso der Philosophiedozent Rembold: Er hatte es gewagt, seine Schüler mit den Grundzügen der Kantschen Philosophie bekanntzumachen! Dieser Gewaltstreich des Metternichschen Systems empörte Schwind maßlos. Der Gedanke, sich einem Beruf zu verpflichten, dessen bürokratische Enge jede freie Geistestätigkeit unmöglich machte, stellte ihn schon früh vor eine Entscheidung. Nach schweren Kämpfen mit der besorgten Mutter verließ er 1821 die Universität und trat in die »Akademie der Künste« ein. Sein Schwager Armbruster, Verleger und guter Freund führender Künstler Wiens, unterstützte seinen Entschluß. Die Mittel zum Studium mußte sich Moritz allerdings selber beschaffen; er begann Neujahrskarten zu entwerfen, »Mandl-Bilderbogen« für Kinder sowie Trachtenserien zu zeichnen. Zu den Auftragsarbeiten gehörten auch Buch-Vignetten und Entwürfe für Notentitel. Alle diese Arbeiten mußten in der knappen Freizeit ausgeführt werden, denn den größten Teil des Tages saß er im Antikensaal der Akademie und zeichnete, wie es damals gefordert wurde, nach Gipsmodellen und phantasielosen Vorlagen. Von der Entwicklung einer freien Individualität konnte auch hier keine Rede sein. Metternich hatte zudem disziplinierende Verordnungen erlassen, z. B. war für alle Kunstschüler »obligatorischer Religionsunterricht« eingeführt worden. Schwind stand vom Jahre 1823 an nur noch in losem Kontakt zu seinem Lehrer Ludwig von Schnorr, dessen Neigungen zu Mystik und Symbolik ihm so gar nicht lagen.

»Es ist nicht Mangel an Mut oder Verachtung der Zeit«, äußerte er einmal, »wenn ich die alten Meister um ihre Schülerjahre beneide, aber der Schmerz, allein zu sein und sein Handwerk niemand ganz zu verdanken. Fänd ich den Mann, dem ich unbedingt trauen könnte, so wäre ich der beste Schüler, den man sich denken kann, so aber bin ich ein Fremder in der Kunstwelt.«

Die Anstöße, die er durch den Akademieunterricht erhielt, betrafen vor allem technisch-malerische Dinge oder waren theoretischer Art. Peter Krafft vermittelte ihm immerhin den Zugang zum Genre, zur Wiedergabe alltäglicher Szenen. Handwerkliche Details erschloß ihm sein Freund Leopold Kupelwieser, der später ein so ausgezeichneter Porträtist wurde. Wir verdanken ihm zahlreiche Bilder des Schubertkreises. Doch im Grunde war Schwind in dieser Phase seiner Entwicklung ganz auf sich gestellt. Die Begegnung mit Schuberts Musik wirkte auf ihn wie eine Offenbarung. Endlich sah Schwind einen Weg vor sich, erkannte das ferne Land, nach dem er im Unterbewußtsein schon lange gesucht hatte: das Land der Romantik. Bisher nur in Versen, in mittelalterlichen Domen und Kunstwerken erkennbar, gewann diese geheimnisvolle Welt durch Schuberts Musik eine Wirklichkeit, vor der alle akademischen Pflichtübungen verblassen mußten. Schwind schuf erste Zeichnungen von persönlichem Reiz, Blätter zu Robinsons Abenteuern,

Franz Schubert. Zeichnung von Moritz von Schwind. Schwind hat diese Skizze um 1865 im Atelier des Bildhauers Kundmann auf eine Gipsplatte gezeichnet; er wollte diesem, der an einem Schubertdenkmal arbeitete, dadurch einen genauen Begriff von Schuberts Stirnlinie geben.

Titelvignetten zu Tausendundeiner Nacht, das Ölbild ›Der Brotschneider‹, auch manche Skizzen zu Gemälden, die er erst viel später ausgeführt hat.

Er war neunzehn, als er zum ersten Mal eine Aufführung von Mozarts ›Hochzeit des Figaro‹ erlebte. »Die Erfindung und Musik, wiewohl ich sie schon etwas kannte, setzten mich in Erstaunen. Wie notwendig ist alles und wie wahr!« Aus diesem Eindruck entstand sein schönstes Frühwerk: ›Der Hochzeitszug‹. »Dreißig Blätter«, beschreibt er selber, »auf denen Figaro und Susanna, Graf und

Moritz von Schwind, Selbstbildnis mit 18 Jahren. »Immer in Unruhe, immer in Erregung. Es ist, als wollte er sich aufzehren«, sagte Eduard von Bauernfeld von ihm. Schuberts Musik erschloß ihm die Welt der Romantik. Er wurde sein verständnisvollster Zuhörer.

Gräfin, Cherubin und Barbarina, Musikanten, Tänzer, Soldaten und Bediente, Pagen und viele Gäste erscheinen – über hundert Figuren!« Dies geschah 1824, es wird davon noch die Rede sein.

Als Moritz von Schwind Schubert kennenlernte, war er ein genialer Anfänger. Er stand am Beginn einer Laufbahn, die, nach zahlreichen Umwegen, zu hohen Ehren führen sollte. Anders als Schubert wurde er später Professor an einer Akademie, erhielt Freskenaufträge von verschiedenen Höfen und erlebte das Glück eines harmonischen Familienlebens. Die Wiener Jugendjahre hat Schwind nie vergessen, und wenn er in seine Geburtsstadt zurückkehrte, noch Jahrzehnte nach Schuberts Tod, suchte er alle Plätze auf, an denen sich ihr damals keineswegs leichtes Leben abgespielt hatte. Immer hoffte er, einmal ein Schubertzimmer ausmalen zu können; er hatte ganz genaue Vorstellungen, wie es aussehen sollte. Leider fand sich dafür kein Geldgeber.

In seinen jungen Jahren konnte Schwind, gerade wo er liebte und bewunderte, zuweilen heftig, rechthaberisch und ironisch, ja sogar verletzend werden. Schubert schwieg zu solchen Explosionen, zog sich zurück. Lautstarke Auseinandersetzungen lagen ihm nicht. Schwind litt dann tief und kindlich unter einer Situation, die er selber hervorgerufen hatte.

Doch Schubert verstand den jungen *Cherubin,* wie Schwind wegen seiner wechselnden Verliebtheiten zuweilen auch genannt wurde, nur zu gut. Das Eindringen in psychologische Zusammenhänge, in Gefühlsbereiche, die mit Worten kaum erfaßt werden konnten: wer hätte es mit mehr Zartheit vollziehen können als der Schöpfer dieser Lieder? Er spürte längst, daß musikalische Elemente Schwinds Bilder bestimmten, daß auch sie aus Themen, Umkehrungen, Variationen und wechselnden Rhythmen bestanden. Manche Entwürfe, die Schwind erst in reifen Jahren ausführte, scheinen unmittelbar aus Schubertschen Liedern hervorgegangen; so der ›Abschied im Morgengrauen‹, die ›Rast auf der Wanderung‹, ›Des Knaben Wunderhorn‹ oder der ›Erlkönig‹. Zwar erreicht Schwind nie die Tiefe, die tödliche Einsamkeit, den jenseitigen Klang, der die Dimensionen von so vielen Werken Schuberts bestimmt. Aber Musik tönt, volksliedhaft nah oder als traumhafte Begleitung, im Hintergrund der schönsten Bilder auf, die dieser echte Romantiker gemalt hat.

Moritz von Schwind hat 1868, vierzig Jahre nach Schuberts Tod, dieses Blatt einer Schubertiade geschaffen. Er zeichnete aus der Erinnerung und nach früheren Skizzen alle Freunde, die damals Schuberts Liedern und Kammermusiken gelauscht hatten. Darunter sind auch Persönlichkeiten, die auswärts lebten oder nie gleichzeitig bei solchen Veranstaltungen zusammenkamen.

Schlüssel zum „Schubert-Abend“ von Moritz v. Schwind

Nach Alois Trost

Gezeichnet von Hans Mauer

1. Karl Pinterics
2. Josef Witteczek
3. Franz Lachner
4. Ignatz Lachner
5. Eleonore Stohl, verehelichte Schrotzberg
6. Friedrich Diez
7. Sophie Hartmann, verehelichte Diez
8. Karoline Hetzenecker, verehelichte Mangstl
9. Marie Pinterics
10. Karl v. Schönstein
11. Benedikt Randhartinger
12. Josef Gahy
13. Johann Steiger v. Amstein
14. Johann Michael Vogl
15. Ferdinand Mayerhofer v. Grünbühel
16. Anton v. Doblhoff-Dier
17. Franz Schubert
18. Josef v. Spaun
19. Franz v. Hartmann
20. Anton v. Spaun
21. Unbekannt
22. Kunigunde Vogl, geborene Rosa
23. Ludwig Kraißl
24. Josef Kenner
25. Marie Ottenwalt, geborene v. Spaun
26. Ludwig Ferdinand Schnorr
27. Moritz v. Schwind
28. Anna Hönig, verehelichte Mayerhofer v. Grünbühel
29. August Wilhelm Rieder
30. Leopold Kupelwieser
31. Therese Hönig, geborene v. Puffer, wieder verehelichte Gutherz
32. Anton Dietrich
33. Franz v. Schober
34. Romeo Franz Seligmann
35. Ernst v. Feuchtersleben
36. Franz Grillparzer
37. Justine v. Bruchmann, verehel. Smetana
38. Eduard v. Bauernfeld
39. Franz v. Bruchmann
40. Johann Senn
41. Johann Mayrhofer
42. Ignatz Franz Castelli

Bildnis an der Wand: Karoline Komtesse Esterházy

Die schöne Müllerin kam aus Berlin

Während Schubert Gast der Familie Schober war und dort einige seiner schönsten Lieder komponierte, versammelte sich in Berlin allwöchentlich ein Kreis junger Idealisten im Hause des Staatsrates von Staegemann. Mittelpunkt war die Tochter Hedwig, ein anmutiges, gefühlsstarkes Mädchen von sechzehn Jahren. Die Sphäre des Hauses war von romantischem Geist durchdrungen: Achim von Arnim, Friedrich de la Motte-Fouqué und Adelbert von Chamisso gehörten zum engsten Freundeskreis der Eltern.

Die jungen Menschen, die Hedwig besuchten, beschäftigten vor allem romantische Vorstellungen mittelalterlicher und volkstümlicher Kunst. Clemens Brentano war dabei, der junge Maler Wilhelm Hensel, seine poetisch veranlagte Schwester Luise und Hensels Freund Wilhelm Müller. Mit Begeisterung widmete sich dieser Kreis der Literatur; man las gemeinsam neue Dichtungen, deklamierte Fremdes und Eigenes – ähnlich, wie es damals viele junge Leute in anderen Städten auch taten. Schließlich entstand der Plan, sich gemeinsam an einem Liederspiel zu versuchen; jeder der Beteiligten sollte wenigstens ein Gedicht für seine Rolle beisteuern. Die damals beliebte Oper von Paisiello, ›La molinara, die Müllerin‹, gab die Anregung für die Stoffwahl. Im Mittelpunkt des Liederspiels sollte ebenfalls eine junge Müllerin, das schöne Röschen, stehen. Während die Oper gutbürgerlich mit der Eheschließung der Heldin endet, ließen die jugendlichen Romantiker ihr Werkchen tragisch ausgehen. Erschüttert über die Treulosigkeit der Geliebten sucht der Müllersknecht im Mühlbach den Tod.

Die Rollenverteilung fiel nicht schwer; Hedwig, mit ihrer naturkindhaften Anmut, sollte das umschwärmte Röschen sein, Wilhelm Müller den verschmähten Liebhaber übernehmen, Hensel den Jäger, Luise den Gärtnerknaben. Sehr bald zeigte sich, daß der junge Müller den größten Teil der Verse selber liefern und auch die Versuche der Freunde überarbeiten mußte; im Winter 1816/17 konnte es endlich an die szenische Gestaltung des kleinen Spiels gehen. Die Phantasie

Hedwig von Staegemann, die jugendliche Tochter des Staatsrates von Staegemann in Berlin, war das Urbild der Schönen Müllerin.
Bleistiftzeichnung von Wilhelm Hensel, 1821

der Darsteller beschäftigte sich nun mit einer Mühlbachlandschaft, mit Erlengrund und singenden Waldvögelein: Es war Hensels Schöneberger Sommeridyll, weit vor der Stadt, das dabei als Modell diente.

Aber das Spiel ist nie beendet, nie aufgeführt worden. Denn 1817 verließ Wilhelm Müller ja als wissenschaftlicher Reisebegleiter Berlin; der Freundeskreis wurde auseinandergerissen. 1820 – Müller war inzwischen in seiner Geburtsstadt Dessau angestellt – erschienen seine ›Sieben und siebzig Gedichte aus den hinterlassenen Papieren eines reisenden Waldhornisten‹; darin an erster Stelle: ›Die schöne Müllerin, im Winter zu lesen‹. Der ganze Band war Carl Maria von Weber gewidmet. Aus dem Spiel für mehrere Personen ist eine Art Monodrama geworden, und nur Vor- und Nachspruch, offenbar für die Buchausgabe geschrieben, erinnern noch an den ursprünglichen Zweck des Textes. Der Vorspruch beginnt:

> Ich lad euch, schöne Damen, kluge Herrn,
> Und die ihr hört und schaut was Gutes gern,
> Zu einem funkelnagelneuen Spiel
> Im allerfunkelnagelneuesten Styl;
> Schlicht ausgedrechselt, kunstlos zugestutzt,
>
> Mit edler deutscher Roheit aufgeputzt,
> Keck wie ein Bursch im Stadtsoldatenstrauß,
> Dazu wohl auch ein wenig fromm fürs Haus:
> Das mag genug mir zu Empfehlung sein,
> Wem die behagt, der trete nur herein …

Weiter heißt es:

> Doch wenn ihr nach des Spiels Personen fragt,
> so kann ich euch, den Musen sei's geklagt,
> Nur *eine* präsentieren recht und echt,
> Das ist ein junger blonder Müllersknecht.

Man spürt schon an diesem Zitat, wie hier die Freude an romantischer Ironie das volkstümliche Spielchen überwuchert. Im Oktober 1815 – also noch vor der Beschäftigung mit dem Stoff – hat Müller Eintragungen in sein Tagebuch gemacht, die sich mit der Entstehung seiner Verse, man könnte auch sagen, mit dem Musikhaften ihrer Gestaltung beschäftigen. Am 8. Oktober heißt es: »Es ist ein gar liebes Dichten, das Dichten im Innern, das auch wieder zum Innern dringt. Ich trage so manchmal ein Lied lange Zeit mit mir herum, es vollendet sich in mir, es feilt sich sogar – dann aufgeschrieben schnell und ohne Veränderung. Das sind dann meine besten Sachen.« Und einen Tag später notiert er:

»Ich kann weder spielen noch singen, und wenn ich dichte, so singe ich doch und spiele auch. Wenn ich die Weisen von mir geben könnte, so würden meine Lieder besser gefallen, als jetzt. Aber getrost, es kann sich ja eine gleichgestimmte Seele finden, die die Weise aus den Worten heraushorcht und sie mir zurückgibt.«

Diese »gleichgestimmte Seele« wurde 1822 Franz Schubert, nur wenige Jahre jünger als Müller, wie dieser aus bescheidenen Verhältnissen stammend und den Frauen gegenüber so schüchtern, daß Müllers Worte: »Ich habe so oft schon geliebt, bin aber nur wenige Male wiedergeliebt worden« auch von Schubert gesagt sein könnten.

Die Lieder jener Jugendzeit, die Atmosphäre der Romantik, die sie hervorgerufen hatte, der menschliche Ton ihrer Sprache packten den Komponisten, als er sie kennenlernte. Er begann sie offenbar schon im Winter 1822 zu vertonen, in einer Zeit schwerer Erkrankung. Jedenfalls vollendete er den Zyklus erst 1823, zum Teil in Oberösterreich, und bereits im August dieses Jahres erschien der erste Teil der ›Schönen Müllerin‹ im Druck. Wir werden über das Werk noch ausführlicher sprechen.

An dieser Stelle soll der Brief eines anderen Dichters wiedergegeben werden, den dieser 1826 an Wilhelm Müller geschrieben hat. Es war Heinrich Heine, ein Altersgenosse von Schubert. Sein Brief ist vom 7. Juni datiert.

Wilhelm Müller entwarf die Dichtung im romantischen Freundeskreis zunächst als Singspiel. Er veröffentlichte seine Verse unter dem Titel ›Die Schöne Müllerin, im Winter zu lesen‹, 1820 in einem Gedichtband.
Stich nach Franz Krüger

Ich ergreife die Gelegenheit, Ihnen bei Übersendung meiner ›Reisebilder‹ einige Worte des Herzens zukommen zu lassen ... ›Die Nordsee‹ gehört zu meinen letzten Gedichten, und Sie erkennen daraus, welche neue Töne ich anschlage und in welchen neuen Weisen ich mich ergehe. Ich bin groß genug, Ihnen offen zu bekennen, daß mein kleines ›Intermezzo‹-Metrum nicht bloß zufällige Ähnlichkeit mit Ihrem gewöhnlichen Metrum hat, sondern daß es wahrscheinlich seinen geheimsten Tonfall Ihren Liedern verdankt, indem es die lieben Müllerschen Lieder waren, die ich zu eben der Zeit kennenlernte, als ich das ›Intermezzo‹ schrieb. Ich habe sehr früh schon das deutsche Volkslied auf mich wirken lassen, späterhin, als ich in Bonn studierte, hat mir August Schlegel viel metrische Geheimnisse aufgeschlossen, aber ich glaube erst in Ihren Liedern den reinen Klang und die wahre Einfachheit, wonach ich immer strebte, gefunden zu haben ... Im zweiten Teil Ihrer Gedichte fand ich die Form noch reiner, noch durchsichtig klarer – doch, was spreche ich viel von Formwesen, es drängt mich mehr, Ihnen zu sagen, daß ich keinen Liederdichter außer Goethe so sehr liebe wie Sie ...

Ich will nicht überlesen, was ich an Sie geschrieben; ich habe nur der Feder raschen Lauf gelassen, während ich an Sie dachte, und ich liebe Sie zu sehr, um lange zu überdenken, ob ich Ihnen zu wenig oder zu viel sage.

Dieses spontane Bekenntnis stammt aus Heines 29. Lebensjahr. Er hat es in späteren Jahren nicht in so überschwenglicher Weise aufrechterhalten. Dennoch ist diese Wertschätzung eines höchst anspruchsvollen Intellektuellen (der Wilhelm Müller nicht war) überraschend. Heinrich Heine hatte mit seinem empfindlichen Sprachgefühl, seiner Musikalität und dem Gespür für Neues durchaus erfaßt, was diese Gedichte – trotz äußerer Gefälligkeit und Einfalt – über das nur Biedermeierisch-Genehme hinaushob. Es war nicht nur die volksliedhafte Schlichtheit, die Durchsichtigkeit, wie Heine sagte, es war auch der Mut zu harten und für jene gefühlvolle Epoche geradezu grausamen Bildern und Passagen; in dem von Heine genannten Buch befanden sich auch die beiden Teile der ›Winterreise‹. Unter der glatten Oberfläche der Müllerschen Verse ziehen sich zuweilen Angst, Trauer und Verlassenheit zusammen, in der ›Winterreise‹ kreisen Verzweiflung, Bitterkeit und Todesnähe. Sie waren es, die in Schubert Klänge wecken sollten, die man zuvor noch nie vernommen hatte.

Jahre der Arbeit

1821, 1822, 1823. Jahre der Arbeit, Jahre, in denen anscheinend nichts Besonderes geschah. Doch auch das Nicht-Besondere, die kleinen bescheidenen Fortschritte hatten für Schubert Gewicht. Die Wiederholungen mancher Lieder und Gesangsquartette in halb- oder ganzöffentlichen Akademien, erste Zeitungsbesprechungen und Liedveröffentlichungen setzten ermutigende Zeichen. Zu größeren Reisen kam es nicht, doch zu einem Ausflug nach Atzenbrugg, wohin Schober allsommerlich den Freundeskreis für einige Tage einlud. Ein Onkel von ihm bewirtschaftete die dortigen Güter. Von den jungen Leuten wurden gemeinsame Partien unternommen und phantasievolle Gesellschaftsspiele veranstaltet. Sehr beliebt war damals, aus vorgegebenen Worten, Punkten oder Noten ein Gedicht, ein Bild, ein Musikstück zu machen. Auch lebende Bilder wurden gestellt, das Thema mußte von den Zuschauern erraten werden. Leopold Kupelwieser hat solch ein Rätselspiel gemalt: Die Auflösung hat sicher Gelächter hervorgerufen. Natürlich wurde viel musiziert und abends oft getanzt. Schubert saß dann wie gewöhnlich am Klavier. Die Stimmung jener fröhlichen Tage haben nicht nur seine Malerfreunde in ihren Zeichnungen und Gemälden festgehalten.

Auch in Schuberts ›Atzenbrugger Tänzen‹ fanden sie ihren Niederschlag. Damals waren der Deutsche, der Ländler, der Walzer einander noch sehr ähnlich; die ersten beiden erinnerten mit dem

In Atzenbrugg wurden auch lebende Bilder gestellt, die man damals schätzte. Hier mußten die Zuschauer erraten, daß es sich um den »Sündenfall« handelte: Schober, als Schlange, windet sich um den Baum der Erkenntnis, den Kupelwieser darstellt, Jenger ist Adam, und Schubert spielt, wie gewöhnlich, Klavier. Aquarell von Leopold Kupelwieser, 1821

etwas langsameren Tempo an das schon altmodisch gewordene Menuett. Sonst bestanden die Unterschiede nur in Nuancen, bestimmten rhythmischen Eigenheiten, Auftakten und ähnlichem. Fast immer verdankten Schuberts Tänze den Improvisationen eines fröhlichen Abends ihre Entstehung. Dabei konnte er Neues ausprobieren, chromatische Wendungen, kühne Modulationen; oder er erweiterte die Ausdrucksmittel durch slawische, besonders ungarische Rhythmen.

Schuberts Zimmer 1821 in der Inneren Stadt; hier wohnte er das erste Mal allein.
Federzeichnung von Moritz von Schwind

›Drei Walzer‹ von Schubert erschienen im November 1821 im Verlag Cappi und Diabelli. Es war das erste Mal, daß der Verlag Instrumentales von ihm in eigener Verantwortung herausbrachte: Auch das ein erfreulicher Fortschritt. Übrigens gab Diabelli einem der Tänze den unsinnigen Titel ›Trauerwalzer‹ – worüber sich Schubert sehr geärgert haben soll.

Die nächste Fahrt ging nach St. Pölten. Dort residierte ein Verwandter von Schober als Bischof im Schloß Ochsenburg. Die Freunde wohnten jedoch nicht dort, sondern im Gasthof »Zu den

Ballspiel in Atzenbrugg. Das Blatt, eine kolorierte Radierung von 1821, ist eine Gemeinschaftsarbeit von Franz von Schober, dem Radierer Ludwig Mohn und Moritz von Schwind, der die Figuren zeichnete. Im Vordergrund sitzend: Schubert.

drei Kronen«. Sie arbeiteten gemeinsam, sozusagen gleichzeitig, an Text und Musik einer großen Oper, ›Alfonso und Estrella‹, die Schober nach spanischen Motiven entworfen hatte. Schubert wollte dieses Werk im Gegensatz zu seinen bisherigen dramatischen Versuchen durchkomponieren; er versprach sich viel von einer Aufführung. Sie verbrachten einen ganzen Monat dort, hatten viel mit Bällen und Konzerten zu tun, waren aber beide fleißig. »Besonders Schubert«, schrieb Schober später an Spaun, »... es ist wunderbar, wie reich und blühend er wieder Gedanken hingegossen hat... Abends referierten wir immer einander, was des Tages geschehen war... Daß wir Kupelwieser sehr hart entbehrten, kannst Du denken, so wie Dich; denn Euch 2 hätten wir besonders gern zu Richtern über unsere Arbeit gemacht.«

Die Komposition von ›Alfonso und Estrella‹ zog sich bis ins Frühjahr 1822 hin. Als Carl Maria von Weber in dieser Zeit nach Wien kam, um hier seinen ›Freischütz‹ zu dirigieren, entstanden freundschaftliche Kontakte zu vielen Musikern, auch zu Franz Schubert, der diese Oper besonders liebte. Er soll fast täglich bei Weber gewesen sein, und sie kamen sich sehr nahe. Schubert hoffte auf Webers Unterstützung bei der Dresdener Oper. In Wien bestand kaum noch Aussicht für Schuberts Werk, da die Hofoper an den Italiener Barbaja verpachtet worden war. Die noch verbliebenen deutschen Sänger konnten mit dem glänzenden italienischen Ensemble nicht konkurrieren. Leider war es in Dresden nicht anders. Die »Deutsche Oper« war nur eine Art Departement der Hoftheater, und der Hof protegierte die Italiener. Weber erhoffte sich von einem Wiener Erfolg eine Stärkung seiner Position als deutscher Musikdirektor; deshalb nahm der schon sehr leidende, ständig überanstrengte Mann den Auftrag, für Wien eine große romantische Oper zu schreiben, mit Freuden an. Leider war der Text von Wilhelmine von Chézy, ›Euryanthe‹, schwach und verwirrend; es gab, ein Jahr nach dem ›Freischütz‹, nicht mehr als einen Achtungserfolg. Der große Durchbruch zur echten romantischen Oper, auf den Weber gehofft hatte, unterblieb.

Selbst Schubert konnte sich nicht in gleicher Weise für dieses neue Werk begeistern wie für den genialen ›Freischütz‹. Ob seine freimütig geäußerte Meinung den enttäuschten Komponisten verstimmt hat, ob ›Alfonso und Estrella‹ angesichts der Dresdener Verhältnisse ohnehin keine Chance gehabt hätte: jedenfalls kam das Werk nicht zur Aufführung, und auch diese Oper hatte Schubert wieder umsonst geschrieben. Merkwürdigerweise ließ er sich von einem Text Castellis, ›Die Verschworenen‹, zu einem neuen Abenteuer verführen. Der Einakter beruhte auf Aristophanes' Spiel von der Revolution der Frauen: ›Lysistrata‹. Schuberts Musik wird als heiter und einfallsreich charakterisiert. Doch schon der Titel erregte bei der Zensur Anstoß, der jedes musikalische Werk mit Text vorgelegt werden mußte; auch jedes Lied! Selbst mit abgeändertem Titel ›Der häusliche Krieg‹ durfte das Werkchen nicht aufgeführt werden. Auch ›Fierabras‹, ein Opernentwurf von Johann Kupelwieser, »der einen vollständigen Kindheitszustand des Publikums« voraussetzte, kam nicht auf die Bühne.

Schließlich komponierte Schubert noch Bühnenmusik zu einem

großen romantischen Schauspiel der Wilhelmine von Chézy, die gerade mit dem ›Euryanthe‹-Text so wenig erfolgreich gewesen war. Trotz ihrer guten Beziehungen zum Theater wurde ›Rosamunde von Zypern‹ nur zweimal aufgeführt. Schwind schrieb über die erste Aufführung an Schober: »Gestern wurde im *Theater an der Wien* ein Stück von der heillosen Frau von Chézy gegeben: ›Rosamunde von Zypern‹, mit Musik von Schubert – Du kannst Dir denken, wie wir alle hingingen! ... Schubert hat die Ouvertüre, die er zu ›Estrella‹ geschrieben hat, hergegeben ... Mit allgemeinem Beifall wurde sie wiederholt zu meiner größten Freude ... Ein Ballett ging unbemerkt vorüber und ebenso der zweite und dritte Zwischenakt.« Das Stück der »heillosen« Frau von Chézy ist vergessen, aber Schuberts Musik blieb lebendig. Sie erscheint häufig in unseren Konzert- und Rundfunkprogrammen.

Neben neuen Liedern und Vokalquartetten, die damals die Gunst des Publikums in so hohem Maße besaßen, entstanden im Jahre 1822 einige für Schuberts künstlerische Entwicklung sehr wichtige Werke. Als ›5. Messe‹ diejenige in As-Dur, die er schon vor Jahren begonnen hatte und die vermutlich in der Lerchenfelder Kirche zur Aufführung gelangte. Elemente des Lyrischen und der Verinnerlichung geben ihr eine verhaltene Schönheit. Dann die leidenschaftlich-virtuose ›Wanderer-Fantasie‹ für Klavier, der das Thema seines berühmten Liedes ›Der Wanderer‹ zugrunde liegt. Schon 1820 schrieb er ein ›Quartett-Allegro in c-Moll‹, einen Satz von hinreißender schöpferischer Kühnheit. Leider hat Schubert diesem ersten Satz keine weiteren folgen lassen. Das bedeutendste Ergebnis des Jahres 1822 war die ›Unvollendete‹.

Das Schicksal dieses Werkes ist sehr merkwürdig, in mancher Beziehung kaum erklärbar. Schubert skizzierte im Oktober drei Sätze als Klavierpartitur; sie wurden erst lange nach seinem Tode im Nachlaß des Bruders Ferdinand aufgefunden. Ende Oktober 1822 begann Schubert mit dem Ausschreiben der endgültigen Partitur, von der zwei Sätze vorliegen; vom dritten Satz nur eine Seite. Als er 1823 zum Ehrenmitglied des »Steiermärkischen Musikvereins« ernannt wurde, versprach er, dem Verein eine seiner Sinfonien zu senden; es sollte die neue in h-Moll sein. Natürlich erhoffte er sich ihre Aufführung in Graz. Doch Anselm Hüttenbrenner, der sich als Vermittler betätigte und ja auch Direktor dieses Vereins war, scheint sich um eine solche gar nicht bemüht zu haben. Das Werk geriet in Vergessenheit. Weil es nur zwei vollendete Sätze besaß? Weil Schubert offenbar selber keinen Wert mehr darauf legte? Auch bei einem späteren Besuch in Graz scheint zwischen ihm und Hüttenbrenner nie die Rede davon gewesen zu sein, und es ist auch nicht klar, ob die Partitur tatsächlich nur eine Seite des 3. Satzes, eines Scherzos, enthielt oder ob weitere Blätter davon aus rätselhaften Gründen verlorengingen. Jedenfalls blieb sie im Privatbesitz von Anselm Hüttenbrenner, obwohl dieser sie ja ausdrücklich für den Musikverein in Empfang genommen hatte. Erst Jahrzehnte nach Schuberts Tod gelang es dem Hofkapellmeister Johann Herbeck, Einsicht in die Partitur zu gewinnen, und er erkannte sofort die Bedeutung des Werkes. Er schmeichelte dem bisherigen Besitzer eine Kopie ab und brachte jene zwei Sätze, die in vollendeter Abschrift vorlagen, bald danach zur Uraufführung.

Als die ›Unvollendete‹ am 17. Dezember 1865 in Wien zum ersten Mal ins Bewußtsein der Musikwelt gelangte, war die künstlerische Entwicklung längst weiter fortgeschritten. Die Konzertbesucher wurden mit sehr viel schärfer gewürzten, sensationelleren Neuschöpfungen konfrontiert. Man bewunderte die raffinierten Instrumentationskünste von Berlioz, die Virtuosität von Franz Liszt, kannte Bruckners geistliche Werke. ›Tristan und Isolde‹ von Richard Wagner war schon uraufgeführt und leidenschaftlich diskutiert worden. Trotz dieser Wandlungen der musikalischen Szene erlebten die beiden bis dahin unbekannten Sätze – nicht sofort, nicht schlagartig – doch nach und nach einen ungeheuren Widerhall. Sie wurden bald zum Inbegriff des Schubertschen Schaffens. Kein anderes sinfonisches Werk des 19. Jahrhunderts wird seit über hundert Jahren so beispiellos geliebt wie dieses. Es ist eine Musik am Rande des Irdischen. Ihr Feuer kennt kein nach außen gewandtes Pathos. Ihre zerbrechliche Schönheit entsiegelt eine bis dahin unbekannte Sphäre. Ohne gewaltsame Rebellion wird hier eine neue Wirklichkeit errichtet. Nicht, wie bisher, mit vier Sätzen, die einander kontrastierend gegenüberstehen, sondern nur mit zweien; und auch diese werden nicht einmal durch den Wechsel der Taktart voneinander abgegrenzt; vielmehr setzt der zweite im 3/8-Takt den ersten im 3/4-Takt fort. Beide sind tempomäßig einander angenähert: ein Bruch mit aller bisherigen Tradition. Doch gerade das scheinbar »Unvollendete« im klassischen Sinne gibt der ›h-Moll-Sinfonie‹ eine bis dahin unbekannte Vollkommenheit. Ein dritter, ein vierter Satz wären kaum vorstellbar.

Ob Schubert das empfunden hat, ob diese Erkenntnis ihn veranlaßte, das schon begonnene Scherzo nicht zu vollenden, weil er in den beiden ausgewogenen Sätzen eben mehr erblickte als einen nicht abgeschlossenen Versuch? Oder ob er das Werk im Laufe der Jahre einfach vergaß – angesichts der Fülle neuer Ideen, die ihn ständig bedrängten? Wir werden es wohl nie erfahren.

Die ›Unvollendete‹ ist das persönlichste Bekenntnis Franz Schuberts, Ausdruck »einer ewig unbegreiflichen Sehnsucht«. Für sie gibt es keine Erfüllung – auf Erden nicht.

Blick in den Abgrund

Die Jahre 1822 und 1823 wurden nach außen hin durch Schuberts Bemühungen um Bühnenaufführungen geprägt. Von jeder neuen Aussicht versprach er sich etwas – fast immer enttäuschte der Erfolg. Manche seiner Lieder waren um diese Zeit schon auf Subskriptionsbasis erschienen, diese und auch andere Werke erklangen in halb- oder ganzöffentlichen Akademien. Auch in anderen Städten Österreichs wurden Lieder von Schubert aufgeführt. Sie machten tiefen Eindruck auf die Hörer und fanden in Provinzblättern ausführliche Würdigung. In Wien war er im Gespräch. Wenn auch bei den meisten Unternehmungen materiell nicht viel heraussprang: er wurde von wichtigen Instanzen zur Kenntnis genommen, es fanden

Briefwechsel mit neuen Verlegern und auswärtigen Musikgesellschaften statt, und er kam mit bekannten Musikern zusammen.

Ob er Ludwig van Beethoven selber aufgesucht hat, um die ihm gewidmeten ›Variationen zu vier Händen‹ zu übergeben, ist nicht verbürgt. Er erfuhr aber, daß der Meister das Werk geschätzt und öfter mit seinem Neffen Karl gespielt habe. Weitere Kontakte suchte Schubert nicht. Beethoven war zu groß, durch seine zunehmende Schwerhörigkeit auch äußerlich in eine Ferne gerückt, die nur schwer zu überbrücken war. Schubert jedenfalls vermochte es nicht.

Von mancher wichtigen Persönlichkeit, wie dem Hofrat von Mosel, Vizedirektor des Wiener Hoftheaters, oder dem Musikgrafen von Dietrichstein, wurde Schubert mit auszeichnenden Schreiben an andere, ebenfalls einflußreiche Herrschaften empfohlen. Er hatte inzwischen auch gelernt, seine Werke nicht nur lieben Freunden zu widmen, sondern Persönlichkeiten, die ihm weiterhelfen konnten; daraufhin erreichten ihn höfliche, entzückte Briefe, zuweilen auch eine finanzielle Spende.

Von Ende 1822 ab, vor allem aber im Frühjahr und Sommer 1823, änderte sich das. Schubert verschwand mehr und mehr aus der Öffentlichkeit, die ihn gerade erst wahrgenommen hatte. Er versäumte Verabredungen, lehnte Aufträge ab, und es hieß, daß er krank, zeitweilig sogar, daß er im Krankenhaus sei. Bis zu diesem Zeitpunkt war Schubert ein kerngesunder junger Mann gewesen. Man hörte niemals etwas von Erkrankungen, selbst als Kind scheint er keine der üblichen Kinderkrankheiten durchgemacht zu haben, die dem kleinen Mozart seinerzeit so schwer zusetzten und seine ursprünglich gesunde Natur von Grund auf erschütterten. Schubert neigte zwar von früh an zur Korpulenz und wurde damit geneckt; das war jedoch nicht krankhaft, eher eine Veranlagung. Er stand früh auf und arbeitete vom Morgen bis gegen zwei Uhr ununterbrochen am Schreibtisch. Ein Klavier stand ihm nur selten zur Verfügung, er brauchte es zum Komponieren auch kaum, höchstens, um den Freunden neue Werke vorzuspielen. Zum Essen traf er sich mit dem einen oder anderen in einem ihrer Stammlokale, die von Zeit zu Zeit wechselten; der Nachmittag wurde bei schöner Witterung am liebsten im Freien zugebracht. Schubert ging leidenschaftlich gern spazieren, oft stundenlang; sein feines Gefühl für landschaftliche Reize, für die Nuancen trüber, kalter, stürmischer Tage nahm die stummen Aussagen der Natur mit unendlicher Beglückung wahr. Bezeichnenderweise schrieb er einmal an einen Freund, es sei ihm »Schrecklich! Fürchterlich! Entsetzlich!«, wenn er im Mai noch in keinem Garten sitzen könne. Womit natürlich kein eigener, sondern ein Wirtshausgarten oder einer seiner Wiener Gönner gemeint war. Die enge Verbundenheit mit der Natur ist die Quelle vieler seiner schönsten Lieder.

Abends besuchte er hin und wieder das Theater. Gute Schauspieler interessierten ihn ebenso wie gute Opern und gute Sänger. Im allgemeinen wurden die Abende im Freundeskreis verbracht, zwanglos, improvisiert. Oft kam dabei ein neues Werk von Schubert zur Darstellung; manchmal sang er ein Lied selber und begleitete sich auch dazu. Sangen andere, überließ er die Begleitung einem der Freunde, am häufigsten Anselm Hüttenbrenner oder Johann Baptist Jenger, dem musikverständigen Begleiter des Barons von Schönstein. Natürlich trank man dabei ein Glaserl Wein, manchmal gab es auch Punsch, der damals besonders geschätzt wurde. Schubert war jedoch kein Trinker, in keiner Beziehung maßlos – außer im Komponieren. Dabei kannte er keine Zeit, keine Erschöpfung, keine Ruhepausen.

Über die Art seiner Erkrankung hat sich keiner aus dem Freundeskreis geäußert. Aber alle wußten, daß Schubert sich eine Infektion geholt, daß er eine venerische Krankheit hatte. Und es war wohl ziemlich sicher, daß der Verführer zu jenem Abenteuer, das er so teuer bezahlen sollte, Franz von Schober gewesen ist. Für Schubert, dessen äußeres Leben bisher ganz passabel verlaufen war – von Geldnöten abgesehen, die er mit den meisten seiner Freunde teilte –, war diese Erkrankung ein schwerer Schock. Es war ein Blick in den Abgrund: Geschlechtskrankheiten waren damals nicht heilbar. Schubert mußte sich zurückziehen, mußte so manche günstige Gelegenheit versäumen, seine Werke vorzustellen; viele Wochen verbrachte er im Allgemeinen Krankenhaus. Es wurden strenge und quälende Kuren mit ihm vorgenommen, man erfährt von einem Ekzem, durch das er seine hübschen lockigen Haare verlor; eine Zeitlang trug er deshalb eine Perücke. Er hat im Verlauf dieser Erkrankung schwere Depressionen durchgemacht, die ihn auch später immer wieder heimsuchten. Seine schöpferischen Fähigkeiten, die Wunderwelt seiner Inspirationen, blieben unangetastet.

Vor diesem Hintergrund ist ›Die schöne Müllerin‹ zu sehen. Schubert faszinierte der Zyklus sofort, als er ihn kennenlernte. Die volkstümliche Schlichtheit, das sehr Menschliche der kleinen Handlung verwob sich mit musikalischen Vorstellungen; er schuf die Texte neu, indem er sie vertonte. Gedanklich entsprach die wehmütige Liebesgeschichte mit ihren leidenschaftlichen Höhepunkten in mancher Beziehung eigenem Erleben. Auch die Stimmung des Wanderns, mit der der Zyklus anhebt und die viele Gesänge durchzieht, weckte einen Widerhall im Komponisten. Schuberts Vorliebe für das Umherstreifen in ländlicher Umgebung, für Ausblicke in blaue Fernen, nach denen er sich sehnte und die er doch nur selten zu erreichen vermochte, ist eine Romantikerneigung.

Aus den zwanzig Gesängen der ›Schönen Müllerin‹ einige als besonders schön, besonders gelungen herauszuheben, wäre sinnlos und falsch. Man muß dieses Werk als *Ganzes* erleben. Das damals völlig Neue war die große zyklische Form, die es in dieser Weise bisher nicht gegeben hatte: daß jedes Lied etwas in sich Abgeschlossenes darstellte und doch kontinuierlich von einem zum andern führte, so daß die Gesamtkonzeption nie unterbrochen wurde. Auch wie in den strophisch angelegten Liedern durch winzige Modifizierungen eine veränderte Stimmung, Atmosphäre, Beleuchtung entsteht oder in anderen wiederum dramatische Höhepunkte erreicht werden, ohne daß jemals das zarte Gespinst der Liedhaftigkeit verletzt wird, war neu. Nichts zeigt den zeitlosen Charakter dieser Liederfolge deutlicher an als ihre ständig wachsende Beliebtheit, besonders bei jungen Konzertbesuchern heute, denen gewiß niemand eine Neigung zu biedermeierischer Gefühligkeit nachsagen kann. Übrigens wurde der Zyklus 1857 zum ersten Mal von Julius Stockhausen vollständig aufgeführt.

Im Frühjahr 1823 kam es zum Bruch mit den Verlegern Cappi und Diabelli. Ein für Schuberts zurückhaltende Ausdrucksweise sehr heftiger Brief setzte vorläufig den Schlußpunkt:

Euer Wohlgeboren

Haben mich durch Ihr Schreiben wirklich überrascht, indem ich nach dem eigenen Ausspruch des H. v. Cappi die Rechnung gänzlich abgeschlossen wähnte. Da ich zwar schon durch das frühere Verfahren bei der Herausgabe der Walzer nicht die allerredlichste Absicht meiner Verleger bemerkte, konnte ich mir dieses zweyte Benehmen auch erklären, woraus Sie sich, meine Herren, wieder sehr natürlich erklären können werden, warum ich mit einem anderen Kunsthändler in ein dauerndes Verhältnis getreten bin.

Anscheinend waren berechtigte Wünsche des Komponisten wie auch mündliche Abmachungen mit ihm nicht berücksichtigt worden. Da Schubert in dieser Zeit, wohl auch infolge seiner Erkrankung, dringend Geld benötigte, wollte er die letzten seiner »In Kommission« verlegten Hefte dem Verlag ganz überlassen. Es scheint, daß er nicht einmal die bescheidene Summe von 300 fl. W. W. dafür erhalten hat.

Zunächst erschienen bei Sauer und Leidesdorf einige Lieder und auch die ›Sonate zu vier Händen‹ von Schubert. Im Laufe des folgenden Jahres die ›Müllerlieder‹; alles sehr stockend.

Für ein paar Wochen traf Schubert im Sommer 1823 wieder mit Michael Vogl in Oberösterreich zusammen, ihr Aufenthalt wechselte zwischen Linz und Steyr, es wurde viel musiziert. Besonders anschaulich hat Josef von Spaun eine »Schubertiade« auf dem Fügerhof geschildert, den damals seine Mutter zusammen mit Ottenwalts bewohnte:

»Beide (Schubert und Vogl) kamen zu meiner Mutter und versprachen für den folgenden Abend, dort Lieder vorzutragen. Ein kleiner empfänglicher Kreis wurde geladen, und nun begannen die seelenvollen Lieder, die alle so ergriffen, daß nach dem Vortrag einiger wehmütiger Lieder der ganze weibliche Teil des Auditoriums, meine Mutter und Schwester obenan, in Tränen zerfloß, und

Antonio Diabelli, Schuberts erster Verleger, mit dem er 1823 vorübergehend brach.
Lithographie von Josef Kriehuber, 1841

das Konzert unter lautem Schluchzen ein frühzeitiges Ende nahm. Eine fröhliche Jause und der treffliche Humor Schuberts und Vogls, die durch die Tränen der Versammlung mehr geehrt waren als durch den lautesten Beifall, stellte die Heiterkeit bald wieder her, und in herrlichster sternvoller Mondnacht machten wir höchst vergnügt den Rückweg durch die schöne Landschaft. Dem Schubert und Vogl blieb dieser Abend unvergeßlich, und sie sprachen noch oft davon.«

Max Josef Leidesdorf verlegte von 1823 an einen großen Teil der Schubertschen Werke. Ein sympathischer, offenbar zur Melancholie neigender Mann, von Beethoven spaßhaft »Dorf des Leides« genannt.
Bleistiftzeichnung nach Josef Kriehuber, 1829, von F. Leidesdorf 1845 angefertigt.

Auch der »Linzer Musikverein« verlieh Schubert und Vogl die Ehrenmitgliedschaft. Beide kehrten im September nach Wien zurück, und es scheint, daß Schubert danach noch einmal das Krankenhaus aufsuchen mußte, bevor er, wohl Ende Oktober 1823, ein neues Zimmer bezog: Stubenthor Bastei Nr. 1187, im 1. Stock.

Die Numerierung der Häuser erfolgte damals nicht straßenweise, wie heute. Die Nummern bezogen sich vielmehr auf die Stadtgegend, den Bezirk. Daher sind sie in der eng bebauten Inneren Stadt oft auffällig hoch. Das Akademische Gymnasium, am Universitätsplatz gelegen, befand sich auf Nr. 803 der Inneren Stadt, Salieris Wohnung hatte Nr. 1156. Zur Erleichterung der Suche trugen manche Häuser phantasievolle Namen; diese erinnerten an einen Vorbesitzer oder den früheren Verwendungszweck, wie das »Hanswurstische Haus« oder der »Klepperstall«, in dem Spaun eine Zeitlang wohnte. »Das Haus zum goldenen Mondschein« hatte früher einer Margarethe Mondschein gehört; bis zum Wiener Kongreß beherbergte es im vorderen Hausteil einen beliebten Tanzsaal.

Das Jahr 1823 ging zu Ende; ein ungutes, bedrückendes, in vieler Hinsicht enttäuschendes Jahr für Schubert. Nur seine schöpferischen Kräfte blieben von alledem unberührt. Außer den zeitraubenden, fast umsonst geschriebenen Opernpartituren entstanden große Komplexe der ›Müllerlieder‹, die bedeutende ›Klaviersonate in a-Moll op. 143‹, Tänze in großer Zahl und einzelne Lieder von ergreifender Schönheit. Darunter ›Du bist die Ruh‹, ›Auf dem Wasser zu singen‹ und ›Wanderers Nachtlied‹: »Über allen Gipfeln« ... Es sind jene Verse, die Goethe als Einunddreißigjähriger auf die Wand einer Hütte auf dem Kickelhahn geschrieben hat, die er in hohem Alter wiedersah und nicht ohne Tränen las. Man hat den Eindruck, daß in den vierzehn Takten dieses kleinen Liedes alles zusammengefaßt ist, was Schubert damals im Innersten bewegte: Das Wissen um die Todesnähe – und ein tiefes Einssein mit der Natur.

Wiedergabe des Liedes ›Wanderers Nachtlied II‹ mit Noten; Nachdruck aus der ›Wiener Zeitschrift für Kunst‹ von 1827. (Das Gedicht heißt bei Goethe ›Ein gleiches‹ und folgt ›Wanderers Nachtlied I‹, von Schubert 1815 vertont)

»Zögernd leise...«

Zu Beginn des 19. Jahrhunderts hatte das private Musikleben Wiens großen Aufschwung genommen. In seinen ›Musikalischen Skizzen über Alt-Wien‹ nennt Leopold Sonnleithner neben den bekannten Musiksalons des 18. Jahrhunderts allein weitere achtzehn, die sich in der neueren Zeit gebildet hatten. Daß Dilettanten des Adels und Bürgertums dabei zusammenwirkten, war inzwischen zur Selbstverständlichkeit geworden. Ein imponierendes Resultat ihrer gemeinsamen Bemühungen war die Gründung der »Gesellschaft der Musikfreunde in Österreich« im Jahre 1812. Treibende Kraft wurde Josef Ferdinand Sonnleithner, der ältere Bruder von Ignaz Sonnleithner, dem Initiator der »Musikalischen Übungen«. Auch Josef war grundmusikalisch und besaß hervorragende organisatorische Fähigkeiten. Er war Sekretär des »Burgtheaters«. Die neue »Gesellschaft der Musikfreunde« wurde zunächst als reine Dilettantenvereinigung aufgebaut. Die sogenannten »Abendunterhaltungen« waren nur Mitgliedern oder deren Gästen zugänglich; die Mitglieder konnten sich bei diesen Veranstaltungen auch selbst musikalisch betätigen.

In den Statuten der Gesellschaft waren jährlich vier große öffentliche Veranstaltungen, die »Gesellschaftskonzerte«, vorgesehen, in denen klassische oder moderne Chorwerke von Rang zu Gehör gebracht wurden. Durch kaiserliches Privileg konnte dafür die »Winterreitschule« und, da diese sich als zu groß erwies, der kleine oder große »Redoutensaal« benutzt werden. Grundsatz der Gesellschaft war »die Emporbringung der Musik mit allen ihren Zweigen«. Eine Zeitlang residierte sie im »Gundelhof«, im gleichen Hause wie Ignaz Sonnleithner, der hier seine »Musikalischen Übungen« veranstaltete. Im Rahmen der Gesellschaft wurde zum ersten Mal am 25. Januar 1821 ein Schubertlied aufgeführt: Der Hofkammerregistrator August von Gymnich, »ein geschmackvoller, beliebter Tenorist«, sang den ›Erlkönig‹. Maria Mitterbacher, die als Siebzehnjährige diesen Abend erlebt hat, schrieb:

Man kann sich heutzutage, wo man außer den Liedern von Schubert noch die von Schumann, Mendelssohn, Brahms, Franz usw. kennt ... schlechterdings keinen Begriff davon machen, was auf die ganze Welt damals ... Schuberts Lieder für einen Eindruck machten. Viele hatten noch gar nichts von ihm gehört, wenigstens das Gehörte wenig beachtet. Dies war bei mir nicht der Fall, aber ich hielt ihn für ein von seinen Freunden überschätztes, aufkeimendes Talent. Was Wunder also, daß auf ein lebhaftes, an Musik gewöhntes, für Poesie glühendes Mädchen in den Entwicklungsjahren solche Musik einen geradezu überwältigenden Eindruck machte. Übrigens war ich nicht die einzige, die diese Wirkung empfand, denn eine Woche nach diesem goldenen Donnerstag sprach die ganze Stadt von Schubert und seinen Liedern, man riß sich darum, schrieb sie ab, und bald erschienen ein paar Hefte bei Diabelli.

Es waren jene ersten Hefte, die seine Freunde finanzierten und bei Diabelli in Kommission gaben. In diesem Jahr stand Schuberts Name gleich zweimal auf den Programmen der großen öffentlichen Gesellschaftskonzerte. Am 8. April wurde das Gesangsquartett ›Das Dörfchen‹ aufgeführt; Johann Nestroy, der seine Laufbahn als Sänger begann, wirkte dabei als Bassist mit. Er kannte Schubert vom Akademischen Gymnasium her, das sie gemeinsam besucht hatten. Am 18. November gelangte Schuberts ›Ouvertüre in e-Moll‹ zur Wiedergabe, wobei Leopold Sonnleithner das Dilettantenorchester leitete. Zum dritten und letzten Mal erklang ein Schubertsches Werk bei einem öffentlichen Gesellschaftskonzert am 3. März 1822 im »Redoutensaal«, diesmal das Gesangsquartett ›Geist der Liebe‹.

Die Organisation der Gesellschaft war sorgfältig aufgebaut. Allein sieben Mitglieder beschäftigten sich mit der Zusammenstellung und Durchführung der Programme für die internen Abendunterhaltungen. Jeder Teilnehmer hatte dafür einen monatlichen Beitrag von 3 Gulden zu leisten. Schon frühzeitig wurde eine Chorübungsanstalt begründet, deren oberste Leitung Hofkapellmeister Salieri übernahm. Bald ergab sich die Notwendigkeit, auch eine vorbereitende Chorschule einzurichten; ein Konservatorium für alle, auch instrumentale Fächer, war das Endziel. Systematisch, ohne Hektik, aber Zug um Zug wurden diese Pläne realisiert. Schon am 1. August 1817 trat die Singschule ins Leben, der zunächst 12 Knaben und 12 Mädchen angehörten; ein Jahr später hatte sich die Schülerzahl verdoppelt und wuchs weiter, so daß 1819 eine dritte Parallelklasse eingerichtet werden mußte. Die Direktion berief zu deren Leitung Anna Fröhlich an das Institut. Ihre Wahl erwies sich als äußerst glücklich. Anna, auch Netti genannt, hatte bei Nepomuk Hummel, dem Schüler Mozarts, studiert, sie besaß einen schönen Sopran, war eine passionierte Lehrerin und bereicherte mit ihren jungen Schülerinnen fortan die Veranstaltungen der Gesellschaft.

Sie war die älteste von vier Schwestern, die im gemeinsamen Haushalt lebten. Der Vater war Fabrikant gewesen, leider nicht erfolgreich; die Töchter mußten sich durch Privatunterricht ihren Lebensunterhalt verdienen. Es spricht für den liberalen Geist der kunstinteressierten Wiener, daß ihr Heim als musikalischer Mittelpunkt angesehen wurde und Mitglieder angesehener Wiener Familien ebenso Gäste ihres Salons waren wie auch viele bekannte Musiker; unter ihnen Franz Schubert. Alle Schwestern waren musikalisch. Josefine machte, wie Barbara, als Sängerin Karriere, und Katharina, zärtlich Kathi genannt, die anmutigste der vier Schwestern, ist als »ewige Geliebte« Franz Grillparzers in die Literaturgeschichte eingegangen.

Auf welche Weise die Geschwister Franz Schubert kennenlernten, hat Anna Fröhlich beschrieben:

Der Leopold Sonnleithner brachte uns Lieder, wie er sagte, von einem jungen Menschen, die gut sein sollten. Die Kathi setzte sich gleich zum Klavier und versuchte das Akkompagnement. Da horchte mit einem Male Gymnich – ein Beamter, der hübsch sang – auf und sagte: »Was spielen Sie denn da? Ist das Ihre Phantasie?«

»Nein.«

»Das ist ja herrlich, das ist was ganz Außergewöhnliches. Lassen Sie doch sehen!«

Und nun wurden den ganzen Abend ... die Lieder gesungen. Nach ein paar Tagen führte Sonnleithner Schubert bei uns auf.

Von da an war er ein immer gern gesehener Gast. Er komponierte Texte, die Anna ihm vorlegte, so den ›23. Psalm‹: »Der Herr ist mein Hirte«, für ihre Schülerinnen. Sie sangen es zum ersten Mal bei einer Konservatoriumsprüfung am 30. August 1821. Später vertonte Schubert auf ihren Wunsch auch ein ›Notturno‹ von Grillparzer. Der damals schon berühmte Dichter hatte die Geschwister im Winter 1821 bei einem Musikabend kennengelernt. Nicht sofort, doch nach wiederholten Begegnungen, verliebte er sich in Kathi, in »Jene – mit den Augen, hätte ich bald gesagt; denn es war, als hätte niemand Augen als sie, und als wäre sie selbst nur da in ihren Augen«, schrieb er einem Freund. Ein Gedicht vom März 1821, ›Allgegenwart‹, zeugt mit seinem tänzerischen Rhythmus von dem Aufschwung, den Grillparzers oft so zurückgehaltenes Gefühl durch diese Begegnung erfahren hatte:

Wo ich bin, fern und nah,
Stehen zwei Augen da,
Dunkelhell,
Blitzesschnell,
Schimmernd wie Felsenquell,
Schattenumkränzt.

Wer in die Sonne sieht,
Weiß es, wie mir geschieht;
Schließt er das Auge fein,
Schwarz und klein,
Sieht er zwei Pünktelein
Überall vor sich.

So auch mir immerdar
Zeigt sich dies Augenpaar,
Wachend in Busch und Feld,
Nachts, wenn mich Schlaf befällt,
Nichts in der ganzen Welt
Hüllt es mir ein.

Franz Grillparzer, 1791 geboren, war damals schon ein berühmter Autor. Er sagte von sich selbst: »In mir leben zwei völlig abgesonderte Wesen. Ein Dichter von der übergreifendsten, ja sich überstürzenden Phantasie und ein Verstandesmensch der kältesten und zähesten Art.«
Bleistiftzeichnung von K. P. Goebel, 1823

Der Dichter war damals dreißig Jahre alt, ein schlanker, feingliedriger Mann, blaß, blauäugig, mit gelocktem dunkelblondem Haar, faszinierend im Gespräch. Aber er war zugleich ein schwieriger, selbstquälerischer Mensch; von der Mutter her, die sich das Leben nahm, schwer belastet. Er sagte einmal von sich: »In mir leben zwei völlig abgesonderte Wesen. Ein Dichter von der übergreifendsten, ja sich überstürzenden Phantasie und ein Verstandesmensch der kältesten und zähesten Art.« In einem Liebesbrief an Kathi von 1823 spiegelt sich dies eigentümlich Widersprüchliche seines Wesens, noch aber auf charmante Art:

Du abscheuliches Ding!

Ich glaube gar, ich bin in dich verliebt! Seit gestern, da ich nämlich deinen kritzlichen Brief erhielt, hab ich ihn schon dreimal gelesen, und eben war ich im Begriff es zum vierten Male zu tun, als ich mich besann, daß man seinen Charakter soutenieren muß, den Brief in die Schublade warf, diese zuschloß, und mir vornahm, das Geschreibe gar nicht mehr anzusehen.

Ernsthaft! Der Brief hat mir viel Freude gemacht. Erstens weil er so herzens-gut ist, wie alles was von dir kommt; dann aber auch weil er so gut geschrieben ist, so ganz wie ichs liebe. Ich sehe schon, ich muß bald wieder eine neue Reise unternehmen, um mehr solche Briefe zu bekommen...

Das mag für Kathi beglückend und verheißungsvoll geklungen haben. Aber in seiner Selbstbiographie charakterisiert Grillparzer sein Verhältnis zur Ehe mit den dürren Worten: »Eigentlich zu zweien zu sein, verbot mir das Einsame meines Wesens.« Seine Beziehung zu Kathi, die ein halbes Jahrhundert währte, kennzeichnet ein ewiges Auf und Ab von »Zärtlichkeit und fremdester Kälte«, von Trennungen und Versöhnungen. Kathi, die ihn bis zuletzt geliebt hat, nahm es hin, angebetet und gequält, belehrt und besungen zu werden.

Die glückliche Fähigkeit, sich bei den liebenswerten Schwestern spontan zu Hause zu fühlen, wie sie Schubert ganz selbstverständlich

Kathi Fröhlich, Grillparzers »ewige Geliebte«, die er anbetete, belehrte, quälte und besang. Er hat sie nie geheiratet.
Miniatur von Daffinger

entfaltete, ging Grillparzer vollständig ab. Über Schubert hat Anna einmal gesagt: »Er war ein herrliches Gemüt. Nie war er neidisch und mißgünstig, wie das manche andere an sich haben. Im Gegenteil, was hatte er nur für Freude, wenn etwas Schönes in der Musik aufgeführt wurde. Da legte er die Hände ineinander und gegen den Mund und saß ganz verzückt da. Die Unschuld und Harmlosigkeit seines Gemüts waren ganz unbeschreiblich.« Einmal, nach dem Vortrag einer Mozart-Arie, sagte er zu ihr: »Ich bitt', singen Sie das noch einmal, das ist gar so schön. Schauen Sie, liebe Anna, da könnt ich hier in einem Winkel sitzen und immerfort das anhören.«

Als er einmal in problematischen Zeiten lange nicht zu den Fröhlichs gekommen war und Kathi ihm Vorwürfe darüber machte, als sie ihn zufällig auf der Straße traf, klopfte er ein paar Tage später schüchtern in der Singerstraße an. Er streckte vorsichtig seinen Kopf durch die Tür und fragte, ob er eintreten dürfe?

»Ich aber: ›No, seit wann ist Ihnen denn unser Haus so fremd? Sie wissen doch, daß es Ihnen noch immer frei gestanden hat.‹

Er: ›Ja, aber ich trau mich nicht recht, ich habe den Blick, den Sie mir an der Linie zugeworfen haben, nicht vergessen. Aber ich muß heute kommen, denn ich habe Ihnen etwas zu sagen, und alles, was mir Trauriges oder Freudiges widerfährt, muß ich Ihnen ja gleich sagen. Heute habe ich nämlich eine große Freude erfahren. Ich habe die Werke Händels zum Geschenk erhalten. Da sehe ich erst, was mir noch abgeht, was ich noch alles zu lernen habe.‹«

Es ist verständlich, daß bei der großen Wesensverschiedenheit der beiden Künstler ein engerer persönlicher Kontakt nicht zustande kam. Doch Grillparzer war ein großer Musikfreund und gründlicher Kenner; er hatte Kontrapunkt- und Kompositionsstudien gemacht, und selbstverständlich war er Mitglied der »Gesellschaft der Musikfreunde«. Beethoven gegenüber hat er sich zwar einmal als »Stümper in der Musik« bezeichnet, gleichzeitig aber bekannt: »Ich habe durch die Musik die Melodie des Verses gelernt.« Es liegt nahe, dabei an Schubertsche Musik zu denken, die er liebte und widerspruchslos hinnahm, ohne jene ihm eigene quälende Zwiespältigkeit, die auch sein Verhältnis zu Beethoven belastet hat. Sosehr er ihn als überragenden schöpferischen Geist bewunderte: mit den dunklen, den chaotischen Zügen späterer Werke konnte er sich nicht befreunden. Trotzdem hat er, auf Wunsch der obersten Hoftheaterdirektion, einen Operntext, ›Melusina‹, für Beethoven geschrieben. Es kam zu mehreren Gesprächen zwischen beiden, nicht aber zur Komposition des Textes.

Sein schönstes Bekenntnis zu Beethoven hat Grillparzer in seiner Trauerrede abgelegt, die er 1827 für die Beisetzung schrieb.

Viel unproblematischer und unbelasteter war sein Verhältnis zu Franz Schubert. Er hat sein Wesen auch dichterisch umschrieben:

Schubert heiß ich, Schubert bin ich,
Und als solchen geb ich mich.
Was die Besten je geleistet,
Ich erkenn es, ich verehr es,
Immer doch bleibts außer mir.
Selbst die Kunst, die Kränze windet,
Blumen sammelt, wählt und bindet,
Ich kann ihr nur Blumen bieten,
Sichte sie und wählet ihr.
Lobt ihr mich, es soll mich freuen,
Schmäht ihr mich, ich muß es dulden.
Schubert heiß ich, Schubert bin ich,
Mag nicht hindern, kann nicht laden,
Geht ihr gern auf meinen Pfaden,
Nun, wohlan, so folget mir.

Grillparzer war sechs Jahre älter als Schubert, seinem Wesen, seiner Herkunft, seinen bitteren Erfahrungen nach um vieles mehr. Als sie sich kennenlernten, galt Grillparzer schon als gefeierter Bühnenautor. 1817 war ›Die Ahnfrau‹ mit großer Zustimmung begrüßt worden, das Schauspiel ›Sappho‹ machte 1818 geradezu Sensation; auch ›Das goldene Vließ‹ war 1821 erfolgreich. Von den vielen enttäuschenden Erfahrungen und Demütigungen, die Grillparzer vom Hof und den Behörden hinnehmen mußte, wußte Schubert wahrscheinlich nichts.

Für Grillparzer wiederum ist Franz Schubert vor allem der Sänger seiner Lieder gewesen, die, wie er meinte, ähnlich Goethes Versen »im Feuerblick des Moments« entstanden. Von dem leidenschaftlichen Ringen des jungen Musikers um den ihm innerlich vorschwebenden Ausdruck, von den zahllosen Ansätzen und Varianten bei der Gestaltung seiner Werke, ahnte wiederum Grillparzer kaum etwas. Doch haben beide zusammen ein wunderschönes Werk geschrieben, eben jenes ›Notturno‹, das Schubert in ›Ständchen‹ umbenannte. Anna Fröhlich berichtet über die Entstehung:

So oft ein Namens- oder Geburtstag der Gosmar, der späteren Frau von Leopold Sonnleithner, nahe war, bin ich allemal zu Grillparzer gegangen und habe ihn gebeten, etwas zu der Gelegenheit zu machen, und so habe ich es auch wieder einmal getan, als ihr Geburtstag bevorstand. Ich sagte ihm: »Sie, lieber Grillparzer, ich kann Ihnen nicht helfen, Sie sollten mir doch ein Gedicht machen für den Geburtstag der Gosmar.« Er antwortete: »No ja, wenn mir was einfällt.« Ich aber: »No, so schauens halt, daß Ihnen was einfällt.« In ein paar Tagen gab er mir das Ständchen ... Und wie dann bald der Schubert zu uns gekommen ist, habe ich ihm gesagt: »Sie, Schubert, Sie müssen mir das in Musik setzen.« Er: »Nun, geben Sie's mir einmal her.«

Ans Klavier gelehnt, es wiederholt durchlesend, rief er ein- über das anderemal aus: »Aber wie das schön ist – das ist schön!« Er sah so eine Weile auf das Blatt und sagte endlich: »So, es ist schon fertig, ich habs schon.« Und wirklich, am dritten Tage hat er mir es fertig gebracht, und zwar für einen Mezzosopran und für vier Männerstimmen.

Diese Fassung konnte Anna jedoch nicht brauchen, das ›Ständchen‹ sollte ja eine Ovation der Freundinnen, der Schülerinnen von Anna sein. Schubert arbeitete es darauf für Altsolo und Frauenchor um, übergab ihr die Noten und versprach, ganz bestimmt zur Aufführung am Geburtstag zu kommen.

»Ich hatte meine Schülerinnen in drei Wagen nach Döbling, wo die Gosmar im Langschen Hause wohnte, geführt, das Klavier heimlich unter ihr Fenster tragen lassen und Schubert eingeladen. Er war aber nicht gekommen. Andern Tags entschuldigte er sich: ›Ach ja, ich habe darauf ganz vergessen.‹«

Im Winter danach sollte das Ständchen im Musikvereinssaal gesungen werden, und Schubert wurde wieder nachdrücklich eingeladen. Das Konzert hätte längst beginnen müssen, doch der Komponist fehlte. Schließlich fanden ihn Freunde, die auf die Suche nach ihm gegangen waren, in einem Lokal in der Nähe und brachten ihn mit. Endlich konnte das Ständchen beginnen:

Zögernd leise,
In des Dunkels nächt'ger Hülle
Sind wir hier...

Nach der Aufführung war Schubert ganz verklärt und sagte zu Anna Fröhlich: »Wahrhaftig, ich habe nicht gedacht, daß es so schön wäre.«

Dieses ›Ständchen‹ mit seiner verhaltenen Nachtstimmung, die Schuberts Musik so wundervoll zum Schweben bringt, verrät viel von Grillparzers tiefer Musikalität. Als er einmal Antonie von Arneth besuchte – sie war unter ihrem Mädchennamen Adamberger eine beliebte Wiener Schauspielerin und die Verlobte Theodor Körners gewesen –, musizierte sie gerade. »Ich sang mit vielem Vergnügen Schubertsche Lieder«, berichtet sie. »Da Grillparzer gründlich musikalisch ist, so wußte er diesem nach meiner Meinung ausgezeichnetsten Liederkomponisten aufs Tiefste nachzuempfinden. Nach den Müllerliedern, nach manchem heiteren Liede brachte ich Wilhelm Meister, und – verzeiht mir die Eitelkeit – nie werde ich den Augenblick vergessen. Nachdem ich das ›Lied des Harfners, Wer sich der Einsamkeit ergibt‹ vollendet hatte und er, ganz in sich gekehrt, so dasaß und vor sich hin blickte, sagte jemand: das ist ein herrliches Lied! Da sah er mich wie verwundert an und sagte leise: ›Ja, man weiß nicht, wo man genug hinhorchen soll, auf diese Stimme, diese Komposition oder auf diese Verse...‹«

Große Kammermusik

Die Zusammensetzung des Schubertschen Freundeskreises hatte sich in letzter Zeit gewandelt. Josef von Spaun befand sich in Linz, wo er ein Praktikum absolvieren mußte, und Leopold Kupelwieser, der junge Maler, war im November mit dem russischen Adligen Alexis von Beresin nach Italien gegangen. Er sollte eine von diesem geplante Reisebeschreibung illustrieren und hat auch zahlreiche Landschaften, Bauwerke und Volkstrachten festgehalten. In Sizilien erkrankten beide schwer an einem gefährlichen Fieber. Kupelwieser war fast aufgegeben, erholte sich aber wieder, Beresin starb. Das Buch wurde nie veröffentlicht.

Im November 1823 hat Schubert an Franz von Schober eingehend über den Niedergang ihrer früher so harmonischen Gemeinschaft geschrieben:

»Vor allem muß ich Dir ein Lamento über den Zustand unserer Gesellschaft wie über alle übrigen Verhältnisse ankündigen; denn außer meinen Gesundheitsumständen, die sich (Gott sey Dank) nun endlich ganz fest zu stellen scheinen, geht alles miserabel. Unsere Gesellschaft hat durch Dich, wie ich es wohl voraussah, seinen Anhaltspunkt verloren. Bruchmann, von seiner Reise zurückgekommen, ist nicht mehr der, der er war. Er scheint sich in die Formen der Welt zu schmiegen, und schon dadurch verliert er seinen Nimbus, der meines Erachtens nur in diesem beharrlichen Hintanhalten aller Weltgeschäfte bestand. Kupelwieser ist, wie Du vermutlich schon weißt, nach Rom. Was an den übrigen ist, weißt Du besser als ich. Was sollen uns eine Reihe von ganz gewöhnlichen Studenten und Beamten? ... Wenn es so fortgeht, so werd ichs vermuthlich nicht lange unter ihnen aushalten.«

Moritz von Schwind, sieben Jahre jünger als Schubert, weniger kritisch und weniger pessimistisch als dieser, teilte Schober Anfang Januar 1824 mit, daß der Silvesterabend sehr glücklich verlaufen sei, die Gesundheit der allseitig Geliebten – nämlich der Abwesenden – gefeiert wurde und Schubert sich mit Dr. Bernhardt durch »ein kleines Scheibenschießen« angekündigt habe. Offenbar hatte Schubert versehentlich eine Fensterscheibe eingeworfen und dadurch einen lustigen Aufruhr entfesselt. Dr. Bernhardt, sein Begleiter, war übrigens sein Arzt. Das neue Jahr begann für Schubert nicht ganz so unbeschwert, wie Schwind meinte.

Im Februar berichtet er von einem vierzehntägigen Fasten und Zuhausebleiben Schuberts. »Er sieht viel besser aus und ist sehr heiter, ist sehr komisch hungrig und macht Quartetten und Deutsche und Variationen ohne Zahl.« Am 6. März meldet er Schober, daß der Freund recht wohl sei: »Er sagt, in einigen Tagen der neuen Behandlung hätte er gefühlt, wie sich die Krankheit gebrochen habe und alles anders sei. Er lebt noch immer einen Tag von Banaderl (Brotsuppe), den andern von einem Schnitzel und trinkt schwelgerisch Tee, dazu geht er öfters baden und ist unmenschlich fleißig. Ein neues Quartett wird sonntags bei Schuppanzigh aufgeführt, der ganz begeistert ist und besonders fleißig einstudiert haben soll... Außerdem wohl zwanzig Deutsche, einer schöner als der andre, galante, liebliche, bacchantische und fugierte, o Gott!«

Die Uraufführung des ›a-Moll-Quartetts op. 29‹ fand schon bald, am 14. März, in einem Subskriptionskonzert von Ignaz Schuppanzigh statt. Das Werk war ihm zugeeignet – dem damals bedeutendsten und aktivsten Quartettspieler Wiens. Er wurde übrigens von seinen Freunden scherzhaft Sir John genannt, nach Shakespeares Falstaff, da er von ähnlich umfangreicher Figur wie dieser war. Sein Quartett genoß in Wien hohes Ansehen.

Über die Uraufführung des ›a-Moll-Quartetts‹ berichtet Schwind: »Das Quartett von Schubert wurde aufgeführt, nach seiner Meinung etwas langsam, aber sehr rein und zart. Es ist im ganzen sehr weich, aber von der Art, daß einem Melodie bleibt wie von Liedern, ganz Empfindung und ganz ausgesprochen. Es erhielt viel Beifall, besonders der Menuett, der außerordentlich zart und natürlich ist.«

Schuberts Lage schien sich stabilisiert zu haben, und die Aufführung seines ›a-Moll-Quartetts‹, das mit dem folgenden in ›d-Moll‹ und dem späteren in ›G-Dur‹ zu seinen reifsten Werken gehört, muß ihn beglückt haben. Doch in Tagebuchaufzeichnungen vom März 1824 werden noch andere Empfindungen erkennbar:

25. März. Schmerz schärfet den Verstand und stärket das Gemüth; dahingegen Freude sich um jenen selten bekümmert und dieses verweichlicht oder frivol macht. Aus dem tiefsten Grunde meines Herzens hasse ich jene Einseitigkeit, welche so viele Elende glauben macht, daß nur eben das, was *sie* treiben, das Beste sey, alles Übrige aber sey nichts. *Eine* Schönheit soll den Menschen durch das ganze Leben begeistern, wahr ist es; doch soll der Schimmer dieser Begeisterung alles Andre erhellen.

27. März. Keiner, der den Schmerz des Andern, und keiner, der die Freude des Andern versteht! Man glaubt immer, zueinander zu gehen, und man geht immer nur nebeneinander. O Qual für den, der dies erkennt!

Meine Erzeugnisse sind durch den Verstand für Musik und durch meinen Schmerz vorhanden; jene, welche der Schmerz allein erzeugt hat, scheinen am wenigsten die Welt zu erfreuen.

Diese Aufzeichnungen sind erst nach Schuberts Tod zur Kenntnis der Öffentlichkeit gelangt. Sie zeigen ihn von einer sehr nachdenklichen Seite. Doch nur in einem einzigen Dokument jener Zeit hat er unverhüllt ausgesprochen, wie es in seinem Innern wirklich aussah. Er richtete dieses traurigste seiner Bekenntnisse nicht an einen der Wiener Freunde, die ihn liebevoll umsorgt, ihm Bücher und Noten ins Hospital gebracht hatten und ihn mit der Unbekümmertheit ihrer Jugend zu erheitern suchten. Er eröffnete sich dem Entferntesten des Kreises, dem Maler Kupelwieser in Rom, der auf lange Zeit hinaus für kein gesprochenes Wort erreichbar war. Es kam aber noch anderes hinzu. Franz kannte Kupelwieser aus früheren Jahren, er wußte von seinem gutartigen Wesen, seiner freundschaftlichen Gesinnung und daß auch ihm die Kunst alles bedeutete. Durch familiäre Schicksalsschläge hatte er schon früh Mangel und Einschränkungen erfahren. Seine Studienreisen, z. B. zur Dresdener Bildergalerie, mußte er als Fußwanderungen unternehmen, die Unkosten für Übernachtungen mit Zeichnungen abzahlen. Es gab viele Parallelen zu Schuberts Erlebnissen und Erfahrungen. Ihm zu schreiben, das war, als wenn man gar nicht schriebe, als wenn man sich nur einem Tagebuch, einem Notenblatt anvertraute. Und so sprach Schubert in seiner empfindsamen, immer von Eile und Bewegtheit zeugenden Schrift aus, wie ihm zumute war.

31. März 1824

Lieber Kupelwieser!

Schon längst drängt es mich, Dir zu schreiben, doch niemals wußte ich wo aus wo ein ... Du bist ja so gut und bieder, Du wirst mir gewiß manches verzeihen, was mir andere sehr übel nehmen würden. Mit einem Wort, ich fühle mich als den unglücklichsten, elendesten Menschen auf der Welt. Denke Dir einen Menschen, dessen Gesundheit nie mehr richtig werden will, u. der aus Verzweiflung darüber die Sache immer schlechter statt besser macht, denke Dir einen Menschen, sage ich, dessen glänzendste Hoffnungen zu nichte geworden sind, dem das Glück der Liebe u. Freundschaft nichts bieten als höchstens Schmerz, dem Begeisterung (wenigstens anregende) für das Schöne zu schwinden droht, und frage Dich, ob das nicht ein elender, unglücklicher Mensch ist?

›Meine Ruh ist hin, mein Herz ist schwer, ich finde sie nimmer u. nimmer mehr‹, so kann ich wohl jetzt alle Tage singen, denn jede Nacht, wenn ich schlafen geh, hoff ich nicht mehr zu erwachen, u. jeder Morgen kündigt mir nur den gestrigen Gram. So Freude- und Freundelos verbringe ich meine Tage, wenn nicht manchmal Schwind mich besuchte u. mir einen Strahl jener vergangenen süßen Tage zuwendete. –

Unsere Gesellschaft (Lesegesellschaft) hat sich, wie Du wohl schon wissen wirst, wegen Verstärkung des rohen Chors im Biertrinken und Würstelessen den Tod gegeben, denn ihre Auflösung erfolgt in 2 Tagen ... Leidesdorf, mit dem ich recht genau bekannt geworden bin, ist zwar ein wirklich tiefer u. guter Mensch, doch von so großer Melancholie, daß ich beinahe fürchte von ihm mehr als zuviel in dieser Hinsicht profitiert zu haben; auch geht es mit meinen u. seinen Sachen schlecht, daher wir nie Geld haben. Die Oper von Deinem Bruder wurde für unbrauchbar erklärt, u. mithin meine

Musik nicht in Ansprache genommen ... In Liedern habe ich wenig Neues gemacht, dagegen versuchte ich mich in mehreren Instrumental-Sachen, denn ich componirte 2 Quartetten und ein Octett, u. will noch ein Quartetto schreiben, überhaupt will ich mir auf diese Art den Weg zur großen Sinfonie bahnen.

Nichts könnte Schuberts unerbittliche Selbstkritik besser charakterisieren als dieser Satz. Er hatte zu diesem Zeitpunkt bereits 7 Sinfonien geschrieben, darunter die ›Unvollendete‹. Das zweite Quartett, das er in seinem Brief erwähnt, ist das nachgelassene in ›d-Moll‹, heute unter dem Namen ›Der Tod und das Mädchen‹ sein berühmtestes Kammermusikwerk. Der langsame Satz enthält Variationen über das Thema des Liedes ›Der Tod und das Mädchen‹. Das Werk ist ein kühner, großartiger Wurf, unter einen einzigen großen Bogen gespannt, in seiner Sprache, dem Ausdrucksgehalt nicht nur des Variationensatzes etwas vollständig Neues. So ungewohnt, daß selbst der langjährige Interpret Beethovenscher Kammermusik die Genialität dieser Musik nicht erkannte. Schubert brachte Schuppanzigh das Manuskript, kurz nachdem er sein ›a-Moll-Quartett‹ zum Erfolg geführt hatte.

»Die Quartettisten legten die Stimmen auf, begannen zu spielen, aber nach mehreren argen Mißgriffen stockten sie schon mitten im 1. Satz und ließen von den weiteren ab, indem Schuppanzigh erklärte: dies sei kein Quartettsatz und überhaupt nicht spielbar. Franz Schubert, schweigend und lächelnd, legte die Stimmen zusammen und tat, als ob weiter nichts vorgefallen wäre.«

Im Januar 1826 unterzog Schubert das Werk einer letzten Durchsicht, und bei dieser Gelegenheit wurde es von einem halb aus Dilettanten bestehenden Quartett mehrmals, auch vor einigen Zuhörern, gespielt. In der Öffentlichkeit erschien das Werk nicht.

Fast gleichzeitig mit diesem leidenschaftlichen Bekenntnis entstand das von strahlender Lebensfreude erfüllte ›Oktett in F-Dur‹. Graf Troyer hatte es bei Schubert in Auftrag gegeben; es sollte ein Gegenstück zu Beethovens damals schon sehr beliebtem Septett bilden. Bei der Uraufführung, die im Frühjahr 1824 in der Wohnung des Grafen stattfand, führte Ignaz Schuppanzigh das Ensemble an, und der Hausherr übernahm die Klarinettenstimme. In der Öffentlichkeit erschien auch dieses Werk zunächst nicht.

Schubert ging in diesem Jahr zum zweiten Mal als Musikmeister des Grafen Esterhazy nach Zseliz. Sein Aufenthalt dauerte von Ende Mai bis Mitte Oktober und war seiner Gesundheit sehr zuträglich.

In den Zeiten tiefer Depression, der Verstörung durch die Krankheit, hatte er wieder im Elternhaus gewohnt; seine Beziehungen zur Familie, die sich in den letzten Jahren gelockert hatten, befestigten sich dadurch wieder. Am innigsten war er seit den Schülerjahren mit Ferdinand verbunden, der 1824 Lehrer an der Normalhauptschule in St. Anna geworden war. Er brachte dem genialen jüngeren Bruder volles Verständnis und ehrliche Bewunderung entgegen; seine eigenen musikalischen Ambitionen waren bescheiden. Sie beschränkten sich auf das für ihn beruflich Notwendige. Mit ihm entwickelte sich jetzt ein Briefwechsel, er schrieb am 3. Juli aus Wien:

Deine Gesellschaft wird mir so manchesmal vergegenwärtigt; indem ich nun angefangen habe, Deine Quartetten wieder zu spielen, und alle Wochen wenigstens einmal von der Uhr (Spieluhr) bei der »Ungarischen Krone« so manches aus Deiner Komposition vernehme. Diese Uhr überraschte mich nicht wenig, da ich sie das erstemal bei einem Mittagsmahle so unvermutet einige Deiner Walzer spielen hörte. Ich fühlte mich in diesem Augenblick so sonderbar; ich wußte nicht, wie mir war, ich wurde dadurch ganz und gar nicht erheitert; es durchfuhr vielmehr meine Seele, mein Herz ein so banger Schmerz, so eine Sehnsucht; – Melancholie warf endlich ihren Schleier darüber, unwillkürlich entrollten mir – Nun, lieber Franz! schreib mir doch (aber insbesondere an mich gerichtet) wie es Dir geht; ob Du ganz gesund bist; wie Du dich unterhältst und beschäftigst.

Schon Mitte Juli antwortete Franz. Er schrieb dem Bruder, der seine Jugendquartette wieder gespielt hatte, u. a.:

... besser wird es seyn, wenn Ihr Euch an andere Quartetten als die meinigen haltet, denn es ist nichts daran, außer daß sie vielleicht Dir gefallen, dem alles von mir gefällt. Die Erinnerung an mich ist mir noch das Liebste dabey, besonders da Sie Dich nicht so zu ergreifen scheinen als die Walzer bey der »Ungarischen Krone«. War es blos der Schmerz über meine Abwesenheit, der Dir Tränen entlockte, die Du Dir nicht zu schreiben getrautest? Oder fühltest Du beym Andenken an meine Person, die von ewig unbegreiflicher Sehnsucht gedrückt ist, auch um Dich ihren trüben Schleier gehüllt? Oder kamen Dir all die Tränen, die Du mich schon weinen sahst, ins Gedächtnis? ... Damit Dich diese Zeilen nicht vielleicht verführen, zu glauben, ich sey nicht wohl, oder nicht heiteren Gemüthes, so beeile ich mich, Dich des Gegentheils zu versichern. Freylich ist's nicht mehr jene glückliche Zeit, in der uns jeder Gegenstand mit einer jugendlichen Glorie umgeben scheint, sondern jenes fatale Erkennen einer miserablen Wirklichkeit, die ich mir durch Phantasie (Gott sey's gedankt) so viel als möglich zu verschönern suche. Man glaubt an dem Orte, wo man einst glücklich war, hänge das Glück, indem es doch nur in uns selbst ist, und so erfuhr ich zwar eine unangenehme Täuschung und sah eine schon in Steyr gemachte Erfahrung hier erneut, doch bin ich jetzt mehr im Stande Glück und Ruhe in mir selbst zu finden als damals. – Als Beweis dessen werden Dir eine große Sonate und Variationen über ein selbst erfundenes Thema, beydes zu vier Händen, welche ich bereits componirt habe, dienen. Die Variationen erfreuen sich eines ganz besonderen Beyfalls.

Übrigens hatte Ferdinand dem Bruder Bachs 48 Präludien und Fugen nach Zseliz senden müssen, der sie wohl als Unterrichtsmaterial für die Komtessen verwenden wollte. Ihr Eindruck auf ihn spiegelt sich in den ›8 Variationen‹ über ein Originalthema wider, einem Klavierwerk zu vier Händen, das er für seine Schülerinnen geschrieben hatte. Schwind nennt diese Variationen op. 35 »etwas Ausserordentliches. Das Thema ist ebenso großartigals schmachtend, vom reinsten Satz, wenn Du nicht lachst, als frei und nobel. In acht Variationen sind diese Seiten ganz selbständig und lebendig entwickelt, und doch scheint jede wieder das Thema zu sein.«

Dieses Urteil hat Maurice J. E. Brown 1969 in seinem Werk über

Schubert bestätigt: »Jeder Takt ist von Größe, Wärme und Poesie erfüllt.«

Seit Schuberts erstem Aufenthalt in Zseliz waren sechs Jahre vergangen, eine lange Zeit für einen jungen Menschen. Vieles hatte sich inzwischen geändert, nicht nur er selber. Die ältere Komtesse, Marie, war verlobt, ihr Klavierspiel erfreulich fortgeschritten; Karoline, 1818 noch ein Kind, war nun neunzehn, sehr anmutig, sehr sanft, von mädchenhaftem Charme. Sie liebte das Landgut über alles und soll einmal gesagt haben, daß sie gar nicht in den Himmel kommen wolle, wenn es dort nicht ebenso schön sei wie in Zseliz! Schubert, der sie wohl auch in Wien unterrichtet hat, war in ein zartes freundschaftliches Verhältnis zu ihr getreten. Nicht mehr. Zwischen einer Komteß und ihrem Musikmeister waren Grenzen gesetzt, die unüberschreitbar blieben. Nie hätte Schubert gewagt, sich ernsthaft um sie zu bewerben. Baron Schönstein, der im August ebenfalls nach Zseliz kam, als guter Freund der Esterhazys, hat später über das Verhältnis Schuberts zu Karoline gesagt: »Sie schätzte ihn und sein Talent sehr hoch, erwiderte jedoch diese Liebe nicht, vielleicht ahnte sie dieselbe auch nicht einmal *in dem Grade,* als sie vorhanden war. Ich sage *in dem Grade,* denn *daß* er sie liebte, mußte ihr durch eine Äußerung Schuberts – die einzige Erklärung in Worten – klar geworden sein. Als sie nämlich einst Schubert im Scherz vorgeworfen, er habe ihr noch gar kein Musikstück dediziert, erwiderte jener: Wozu denn, es ist Ihnen ja ohnehin alles gewidmet.«

Diese verhaltene Empfindung liegt über dem ganzen Aufenthalt dieses Sommers.

Schuberts Ansehen war seit 1818 stark gewachsen, er galt als bekannter, vielbeachteter Kompositeur; die Gesellschaft hatte ihn akzeptiert. Er wohnte dieses Mal nicht mehr beim Gesinde, sondern in einem Gastraum des Schlosses; der Verkehr mit der gräflichen Familie war ungezwungener als damals. Als die Gräfin ihn um die Komposition eines ›Gebetes‹ von de la Motte-Fouqué für das Hausquartett bat, komponierte er den Text noch am gleichen Tage; die Sänger konnten den Gesang schon abends probieren. Er gefiel, und die Gräfin behielt die Noten.

Karoline von Esterhazy, der Schubert, als Musiklehrer, nur in seinen Klängen huldigen konnte. Er soll einmal zu ihr gesagt haben, daß ihr »im Grunde alles gewidmet sei«.

Das Beglückendste dieses Aufenthaltes war für Schubert die Anwesenheit des Barons von Schönstein, den er durch Graf Esterhazy kennengelernt hatte. Schönstein war ursprünglich ein großer Liebhaber italienischer Arien gewesen – Schuberts Lieder hatten seine Geschmacksrichtung vollständig verändert. Er wurde, vor allem in Kreisen des Adels, sein begeisterter Interpret und galt in Wien als einer der besten Schubertsänger. ›Die schöne Müllerin‹ ist ihm gewidmet. Beide mögen in diesen Zselizer Tagen oft zusammen musiziert haben, zur Freude aller. Als Schönstein am 17. Oktober im eigenen Wagen, aber mit Pferden der Gastgeber, das Schloß verließ, nahm er Franz Schubert mit.

Die Rückfahrt verlief durch ungewöhnliche Kälte und ein zerschlagenes Fenster etwas strapaziös, doch langten die beiden Reisenden schon am 20. Oktober wohlbehalten in Wien an.

In der eben beginnenden Konzertsaison kamen wieder die verschiedensten Werke von Schubert zur Aufführung, vor allem Lieder, doch auch Vokalquartette, die damals namentlich von Virtuosen in ihren eigenen Abenden gern zur Auflockerung des Programms eingesetzt wurden. In den Zeitschriften der Vorweihnachtszeit las man Verlagsangebote neuer Walzer, Märsche und Lieder von Schubert. Er wohnte jetzt wieder in der Roßau, beim Vater. Die Freundschaft mit Moritz von Schwind wurde intensiv gepflegt, und für den Weihnachtsabend hatte er einen großen Christbaum und Geschenke für alle Teilnehmer vorbereitet. Ein Weihnachtsbaum war damals, in einem katholischen Land, noch ein seltener Anblick. Als letztes Schubertsches Werk wird in der Wiener ›Allgemeinen Musikalischen Zeitung‹ am 29. Dezember ›Das Lied an den Tod‹ besprochen, mit dem Hinweis: Der Verfasser zeige in dem kleinen Lied seine Meisterschaft in der Harmonie.

Es ist wie ein Obolus, gezahlt für ein dunkles Jahr. Das neue zeigte hellere Umrisse.

Frauen und Freunde

Nach den Jahren der Krankheit, der tiefen Depressionen, der Vereinsamung begann Schubert sich wieder einzurichten auf dieser Erde, die es ihm oft so schwer machte. In einem Brief an Schober schreibt Schwind im Februar 1825, daß Schubert gesund und nach einigem Stillstand auch wieder fleißig sei. Er hatte im Frühwirtschen

Franz Schubert. Lithographie von Josef Teltscher

Hause, unmittelbar neben Schwinds Wohnung, ein sehr hübsches Zimmer bezogen: »Wir sehen uns täglich,und, so viel ich kann, teile ich sein ganzes Leben mit ihm.«

Im weiteren Verlauf seines Schreibens erwähnt Schwind zwei Lieder, die soeben bei Cappi und Kompagnie erschienen seien; ›Der zürnenden Diana‹ und ›Nachtstück‹, beide nach Versen von Mayrhofer. Sie waren Katharina von Laszny, née Buchwieser, gewidmet. Ihr Mann war Güterdirektor des Fürsten Pallfy, das Ehepaar machte ein großes Haus und nahm an allen künstlerischen Ereignissen Anteil. Katharina muß eine sehr reizvolle Frau gewesen sein, obwohl sie damals schon 36 Jahre alt und von Schwindsucht gezeichnet war. Daß sie ein bewegtes Leben hinter sich hatte, wußte in Künstlerkreisen jedermann. Sie war eine Zeitlang am »Theater an der Wien«, später acht Jahre lang an der »Hofoper« aufgetreten. Als eine ihrer schönsten Partien galt die Susanna in ›Figaros Hochzeit‹. Künstlerisch muß sie hochbegabt gewesen sein; Theodor Körner bezeichnete sie »als fast unübertrefflich im Verein des Spieles und Gesanges«. Schubert, Schwind, Grillparzer und zahlreiche andere Künstler verkehrten gern bei dem Ehepaar. Josef von Spaun hat eine kleine Szene festgehalten, die sich dort abspielte: »Eines Abends war Schubert bei Frau von Laszny, die seine Kompositionen sehr verehrte, zu Ehren des gerade anwesenden Hummels geladen. Vogl sang mehrere Lieder, unter anderen den ›Blinden Knaben‹, und Hummel äußerte sich entzückt darüber. Als nun Hummel aufgefordert wurde, zu phantasieren, begann er die Melodie des ›Blinden Knaben‹ zu spielen, die er zum Motiv seiner Phantasie wählte. Hierüber hatte Schubert große Freude.«

Johann Nepomuk Hummel war damals schon über fünfzig, ein feiner, empfindsamer Musiker. Als Elfjähriger war er »Wohnschüler« bei Mozart gewesen, den er über alles liebte und verehrte. Ein Abglanz Mozartischen Stils rührt uns in seinen Kompositionen an.

In jener Zeit wurde auch Moritz von Schwind in den Kreis um Frau von Laszny aufgenommen. Er schreibt an Schober – und man spürt sein atemloses Engagement:

»Das ist eine Frau! Wenn sie nicht bald noch einmal so alt wäre als ich, und, leider Gottes, immer krank, ich müßte von Wien fort, denn das wäre nicht zum Aushalten. Schubert kennt sie schon lange, ich aber erst seit kurzem. Sie hat Freude an meinen Sachen und mir, wie noch niemand außer Dir, ich bin das erste Mal ordentlich erschrokken, so redete sie zu mir und so kam sie mir entgegen, als wäre gar nichts, was sie nicht von mir wüßte. Gleich darauf wurde sie wieder krank ... und so habe ich sie lange nicht gesehen, morgen aber essen wir dort. So weiß ich doch auch, wie eine Person aussieht und tut, die in der ganzen Stadt verrufen ist.«

Schwinds Gefühle waren von jugendlicher Leidenschaft, noch ganz unausgegoren und schwankend. So heißt es einmal in einem Brief:

»Ich sehne mich nach Existenz und stiller Abgeschlossenheit und brenne vor Verlangen und Liebesüberfluß. Wo wird sich ein Herz, wo werden sich Arme öffnen, mich zu beseligen und zu befreien? Ich mache mir keine Vorwürfe, daß ich des Blickes, des Wortes und der Gestalt bedarf. Mir wird begreiflich, was Zärtlichkeit ist, die reinste körperliche Empfindung, die glockenartig jede sanfte Berührung bis zum Schweben des Tons verklärt und verkörpert ...«

Das sind Äußerungen eines jungen Romantikers. Und während es in ihm brennt und stürmt, verliebt er sich auch noch in Netti Hönig, die reizende Tochter des Dekans der juristischen Fakultät, bei dem häufig »Schubertiaden« stattfanden. Er nennt sie »einen lieben Schatz«, wehrt sich aber, ihretwegen seine Freundschaft mit Franz von Schober einzuschränken, den Netti aus moralischen Gründen ablehnte! Sie war ein ganz bürgerliches Geschöpf, sehr fromm, fast bigott. Im Laufe einer heftigen Auseinandersetzung soll Schwind ihr zugerufen haben: »Verlieben Sie sich in den Papst!« Das Auf und Ab ihrer Beziehung war nicht ohne tragikomische Akzente. Es wirkte gelegentlich sogar in Schwinds Verhältnis zu Schubert hinein, ohne es jemals ernstlich zu gefährden. Schwind glich noch immer dem Cherubin aus ›Figaros Hochzeit‹. Seine Begeisterung für diese Oper setzte sich in den schon erwähnten Zyklus ›Der Hochzeitszug‹ um. Er brachte die dreißig Blätter zu Grillparzer und schrieb danach an Schubert:

»Er zeigte viel Freude über meine Hochzeit und versicherte mich, in zehn Jahren werde er sich noch jeder Figur erinnern. Da wir in Ermanglung eines Weimarschen Herzogs, der zu schützen und zu zahlen vermag, nichts begehren können, als das geistige Urteil bedeutender Männer, so kannst Du Dir denken, wie vergnügt ich nach Hause ging. Daß er ›Die Hochzeit des Figaro‹ ganz so ansieht wie ich, war mir kein kleiner Triumph!«

In dieser Zeit trat Eduard von Bauernfeld Schubert näher, den er schon seit 1822 kannte und aus der Ferne bewundert hatte. Er war ein Schulkamerad von Moritz im Schottengymnasium gewesen und, wie dieser sagte: »Höchst liebenswürdig, in allem, was er tut, virtuos unverschämt und mit Grazie.« Ein unruhiger Freigeist wie Schwind,

Eduard von Bauernfeld, Schwinds Schulkamerad, lernte durch diesen Franz Schubert kennen und gehörte bald zum engsten Freundeskreis. Er wurde später ein erfolgreicher Lustspieldichter.
Kupferstich von Franz Stöber nach Daffinger

ebenfalls empört über die Absetzung des Prof. Rembold, der Kants ›Kritik der reinen Vernunft‹ mit seinen Studenten durchgenommen hatte. Schon während des Studiums übersetzte Bauernfeld mehrere Dramen für die Wiener Shakespeare-Ausgabe von Matthias Trentsensky, einem Lithographen und Verleger, der durch die Wiener Bilderbogen zu Erfolg und Geld gekommen war. Durch Bauernfeld erhielt Schubert die Anregung zur Komposition einiger Shakespeare-Texte. Der junge Autor verstand etwas von Musik, er konnte sich auf eine solide Ausbildung stützen; gleich beim ersten Besuch der Freunde spielte er mit Schubert vierhändig und las ihm und Moritz aus neuen Dichtungen vor. Bauernfeld wurde später ein erfolgreicher Lustspielautor. Die freundschaftliche Zuwendung der beiden begabten jungen Leute war für Schubert ein unerwartetes Geschenk; Stimmungen früherer Jahre schienen sich zu erneuern. Oft neckte er die »auf Brand und Mord verliebten Jungen« mit ihren Affären; war er selber wirklich erhaben über derartige Gefühle?

Bauernfeld schreibt im April 1825 in sein Tagebuch:

»Ich bin noch immer in Clotilde verliebt, wie Moritz in seine Nettel. Schubert kichert über uns beide, ist aber selber nicht völlig heil.«

Wir wissen nicht, wem seine Zuneigung galt; vielleicht noch immer der reizenden Komteß Karoline, der »ohnehin alles gewidmet« war – und der er auf andere als musikalische Weise nicht huldigen konnte.

Als dritter Freund gesellte sich in dieser Zeit der zweiundzwanzigjährige Franz Lachner, ein gebürtiger Bayer, zu ihnen. Er war damals Organist an der protestantischen Kirche in Wien, später wurde er Kapellmeister am »Kärntnertor-Theater«. Schwind hat zu seinem fünfundzwanzigjährigen Bühnenjubiläum die »Lachner-Rolle« gezeichnet, auf der auch zahlreiche Episoden der Wiener Jugendjahre lustig wiedergegeben sind. Darunter ist das wohl merkwürdigste Ständchen festgehalten, das es jemals gegeben hat. Schubert, Schwind, Vogl und Lachner brachten es, weit draußen, einem unfertigen – Neubau dar. Es war Nacht, die Richtkrone schwebte über noch leeren Fensterhöhlen, das Quartett stand davor und sang andächtig. Für wen? Für die Tochter eines Poliers, eines Maurers? Es gibt keine Erklärung zu dieser Zeichnung. Vielleicht galt das Lied einer Unbekannten, jener Traum-Geliebten, der Schubert seine schönsten Liebeslieder gesungen hat und der er niemals begegnen sollte.

Bauernfeld hat in seinen Erinnerungen diese Zeit anschaulich beschrieben: »Wie oft strichen wir drei bis gegen Morgen herum, begleiteten uns gegenseitig nach Hause – da man aber nicht imstande war, sich zu trennen, so wurde nicht selten bei diesem oder jenem gemeinschaftlich übernachtet. Mit dem Komfort nahmen wir's dabei nicht sonderlich genau! Freund Moritz warf sich wohl gelegentlich, blos in eine lederne Decke gehüllt, auf den nackten Fußboden hin ... In der Frage des Eigentums war die kommunistische Anschauungsweise vorherrschend; Hüte, Stiefel, Halsbinden, auch Röcke und sonst noch eine gewisse Gattung Kleidungsstücke, wenn sie sich nur beiläufig anpassen ließen, waren Gemeingut, gingen aber nach und nach durch vielfältigen Gebrauch, wodurch immer eine gewisse Vorliebe für den Gegenstand entsteht, in unbestrittenen Privatbesitz über.

Wer eben bei Kasse war, zahlte für den oder die anderen. Nun traf sich's aber zeitweilig, daß zwei kein Geld hatten und der dritte – gar keines! ... In ähnlicher Lage hatten wir uns auch das ›Du‹ mit Zuckerwasser zugetrunken. Dann kamen wohl wieder Schubertabende, sogenannte ›Schubertiaden‹ mit munteren und frischen Gesellen, wo der Wein in Strömen floß, der treffliche Vogl alle die herrlichen Lieder zum Besten gab und der arme Schubert Franz akkompagnieren mußte, daß ihm die kurzen und dicken Finger kaum mehr gehorchen wollten. Noch schlimmer erging es ihm bei unseren Hausunterhaltungen – nur ›Würstelbälle‹ in jener einfachen Zeit – wobei es aber an anmutigen Frauen und Mädchen durchaus nicht fehlte. Da mußte nun unser Bertel, wie er im Schmeichelton bisweilen genannt wurde, seine neuesten Walzer spielen und wieder spielen, bis ein endloser Kotillon sich abgewickelt hatte.«

Der Hofschauspieler Heinrich Anschütz hat zu diesem Thema eine besonders aparte Episode beigesteuert. Als er einmal einen Kreis von Freunden und jungen Frauen bei sich zu Gast hatte, darunter leidenschaftliche Tänzer und Tänzerinnen, wurde die allgemeine Konversation sehr bald von »Ländlern« und »Deutschen« abgelöst. »Schubert, der schon ein paar Klavierstücke zum Besten gegeben hatte, setzt sich selbst in der heitersten Laune an das Instrument und spielt zum Tanz auf. Alles schwingt sich im Kreise, man lacht, man trinkt. Plötzlich werde ich abgerufen, ein fremder Herr will mich sprechen. Ich trete in das Vorzimmer. ›Was steht zu Diensten, mein Herr?‹

›Sie haben Tanzunterhaltung?‹

›Man kann es so nennen, die jungen Leute springen herum.‹

›Ich muß Sie ersuchen, das einzustellen, wir sind in den Fasten.‹

›Wie kommen Sie dazu, wenn ich fragen darf?‹

›Ich bin Polizeikommissär N. N.‹

›Ja so! Nun wohl, Herr Kommissär, was habe ich zu tun? Muß ich etwa meine Gäste nach Hause schicken?‹

›Ich verlasse mich auf Ihr Wort, daß nicht getanzt wird.‹

Als ich mit der Hiobsbotschaft in das Gesellschaftszimmer trat und die Polizei nannte, stob in parodierendem Schrecken alles auseinander. Schubert aber meinte: ›Das tun's mir zu Fleiß, weil's wissen, daß ich gar so gern Tanzmusik mach!‹«

Die Wiener Polizei hatte 1819 ein Tanzverbot für die Fastenzeit erlassen, das sich auch auf private Unterhaltungen dieser Art erstreckte. Wiewenig Schubert steife, offizielle Gesellschaften schätzte, berichtet Anselm Hüttenbrenner, der häufig mit ihm zusammen eingeladen war.

»Sang Schubert selbst seine Lieder, so begleitete er sie gewöhnlich auch selbst. Sangen andere, so akkompagnierte ich und er setzte sich gewöhnlich in einen Winkel des Salons oder gar in ein Nebenzimmer und hörte zu. Eines Abends sagte er mir leise ins Ohr: ›Du, diese Frauenzimmer sind mir zuwider mit ihren Artigkeiten. Sie verstehen von der Musik nichts, und was sie mir da sagen, geht ihnen nicht von Herzen. Geh Anselm, und bring mir heimlich ein Glasl Wein!‹«

Gerne besuchte er seine musikverständigen Freunde und Gönner, zu denen neben Hofrat Kiesewetter, Professor Watteroth, den Sonnleithners auch zahlreiche Künstler, wie Anschütz, die Sängerin Linhardt oder die Hofburgschauspielerin Sophie Müller, gehörten. Ihr Name taucht in jenen Jahren häufig am Rande des Schubertschen Freundeskreises auf. Mit Jenger oder Vogl besuchte Schubert sie in Hietzing, wo sie mit ihrem Vater zusammen lebte. Dieser war Kapellmeister in Mannheim gewesen, Sophie hatte dort schon als

Der Beamte und ausgezeichnete Klavierspieler Johann Baptist Jenger, hier mit den Freunden Anselm Hüttenbrenner und Schubert, von Josef Teltscher in einer Farbstiftzeichnung um 1827 dargestellt.

Dreijährige auf der Bühne gestanden. Sie war nicht nur begabt, auch geistig interessiert und sehr lernbegierig. Bis zu ihrem frühen Tod hat sie ernsthafte Studien betrieben. Nach einem Wiener Gastspiel wurde sie mit neunzehn Jahren Mitglied des »Burgtheaters«; von 1825 an erwähnt ihr Tagebuch Besuche von Grillparzer, Vogl, Schubert und dessen Freunden. Auch über jedes für sie neue Lied des jungen Komponisten wird darin berichtet; sie sang selber ›Die Forelle‹, ›Der Einsame‹, ›Die böse Farbe‹ (aus den ›Müllerliedern‹), ›Die junge Nonne‹ und andere von Schuberts Liedern.

Anselm Hüttenbrenner berichtet, sie habe »die Schubertschen Mädchenlieder am herzlichsten gesungen«. Auch auf der Bühne fiel sie durch ihren schönen Gesang auf. Es war damals durchaus üblich, daß Schauspieler Gesangsverpflichtungen übernehmen mußten.

Außerdem scheint Sophie eine gute Zuhörerin gewesen zu sein. Selbst der kritische, überempfindliche Grillparzer hat sich gern mit ihr unterhalten, ihr sogar manche literarischen Pläne anvertraut. Tieck, Fouqué und Schlegel waren Sophies Freunde, letzterer bezaubert von der schönen Seele dieser großen Künstlerin, »dem Vorüberfliehenden ihrer einzigen Erscheinung«. Sie spielte in Wien fast alle großen Partien, war Julia und Ophelia, Donna Diana und die Jungfrau von Orléans. Publikum und Kollegen liebten sie zärtlich und haben sie mit Geschenken und Beifall überschüttet. Doch nirgends in ihren Tagebuchaufzeichnungen findet sich ein Hinweis auf eine menschlich tiefere Bindung. Es lag wohl an ihrer Krankheit; sie litt an Schwindsucht, wie Frau von Laszny, und wußte, daß ihre Tage gezählt waren. Kollegen trugen weinend ihren blumengeschmückten Sarg zum Grabe, und Tausende von Wienern folgten ihm auf den Friedhof. Die zahllosen Verse, die ihr gewidmet wurden, stammen fast alle von Textdichtern Schuberts: von Pyrker, der ›Heimweh‹ und ›Allmacht‹ schrieb, von Leitner, dessen ›Drang in die Ferne‹ er komponierte, von Castelli, Schlegel, Tieck und Fouqué, Schuberts Anregern in jüngeren Jahren. Ein leichter, kaum spürbarer Schatten liegt über der losen Verbindung dieser beiden jungen Menschen: dem Musiker, der mit 31 Jahren, der Schauspielerin, die mit 27 sterben mußte. Sie lebten in der gleichen Epoche, derselbe Freundeskreis nahm an ihrem Wirken teil, und das gleiche geliebte und törichte Wien jubelte der jungen Sophie Müller zu, das dem Musiker seinen Beifall so oft versagt hat.

Noch eine dritte Künstlerin, die Opernsängerin Anna Milder-Hauptmann, gewann in diesen Jahren Bedeutung für Schubert. Er hatte sie schon bei seinen ersten Opernbesuchen mit Josef von Spaun in großen Rollen kennengelernt, ihre Stimme »durchdrang sein Herz«, wie er damals sagte; namentlich als »Iphigenie auf Tauris« in Glucks Oper war sie ihm unvergeßlich. Anna Milder hatte eine erstaunliche Karriere hinter sich. Als Schikaneder sie Anfang des Jahrhunderts entdeckte, war sie noch Zofe in einem gräflichen Wiener Haus. Er veranlaßte ihre Ausbildung, unter anderem bei Salieri, und sie kam bereits 1803 ans Hoftheater. Durch ihre ungewöhnlich ausdrucksvolle Stimme, ihr dramatisches Talent wurde sie schnell berühmt; Ludwig van Beethoven hat die Partie der Leonore für sie geschrieben. 1816 ging sie nach Berlin, wo sie ihre größten Triumphe feierte. 1824, während eines kurzen Wiener Besuchs, verfehlte sie Schubert und schrieb ihm danach: »Erlauben Sie mir, Ihnen schriftlich zu sagen, wie sehr mich Ihre Lieder entzücken, und welchen Enthusiasmus sie in der Gesellschaft erregen, wo ich selbe vortrage. Alles dies macht mich so frei, Ihnen ein Gedicht zuzuschicken, welches ich Sie inständigst bitte, ... für mich zu komponieren. Sie würden mich dadurch unendlich beglücken ...«

Schubert erfüllte ihren Wunsch nicht, sandte ihr aber den ›zweiten Suleikagesang‹, den er ihr später gewidmet hat, und außerdem eine Kopie seiner Oper ›Alfonso und Estrella‹. Er erhoffte ihre Unterstützung bei der Berliner Hofoper. Das Lied rührte sie zu Tränen: »Es ist unbeschreiblich; allen möglichen Zauber und Sehnsucht haben Sie da hineingebracht ...« Sie erbat erneut ein Lied, speziell für sich: »Womöglich von Goethe, welches sich in verschiedenen Zeitmaßen singen ließe, damit man mehrere Empfindungen darstellen kann.« Auch diese Anregung griff Schubert nicht auf. Er war in der Wahl seiner Liedertexte durchaus eigenwillig, keinesfalls bereit, aus Gründen des eigenen Vorteils Konzessionen zu machen. Von seiner Oper sagte sie, daß das Buch dem Berliner Geschmack nicht entspräche, da man dort »die große, hoch tragische Oper« gewöhnt sei. Sie hatte aber sofort andere Vorschläge parat; und jedenfalls müsse eine Rolle auf ihre Individualität berechnet sein, z. B. als Königin, Mutter oder Bäuerin. Auch auf diesen Wunsch ging Schubert nicht ein. Er komponierte aber später für ihre Stimme die beschwingte Szene ›Der Hirt auf dem Felsen‹ für Sopran, Klarinette und Klavier, in der sich alle drei in Frühlingsseligkeit zu überbieten scheinen. Es ist sein allerletztes Werk, Anna Milder gewidmet. Sie erhielt es erst fast ein Jahr nach seinem Tod.

Am 9. Juni 1825 gab Anna Milder in Berlin eine musikalische Abendunterhaltung im »Jagorschen Saal«, »die zahlreich und glänzend besucht war«, wie die ›Berlinische Zeitung‹ berichtet. »Wir hören von der grandiosen Stimme dieser Sängerin am liebsten einfach edlen, getragenen Gesang, wie Mad. Milder solchen in den beiden Liedern von Goethe: ›Suleika, 2. Gesang‹ und ›Erlkönig‹ mit wahrer Meisterschaft aus dem Herzen zum Herzen widerhallen ließ.«

Die Sängerin selber teilte Schubert mit, daß diese beiden Lieder unendlich gefallen hätten; sie fügte außerdem eine Berliner Kritik bei. Schubert erhielt ihren begeisterten Bericht nach Oberösterreich nachgesandt. Bezeichnend für seine sachliche Einstellung allen Überschwenglichkeiten gegenüber ist seine Antwort an den Vater, der ihm zwar Anna Milders Brief, nicht aber die Zeitungsbesprechung nachgeschickt hatte:

»Was den Brief der Milder betrifft, so freute mich die günstige Aufnahme der ›Suleika‹ sehr, obwohl ich wünschte, daß ich die Rezension selber zu Gesicht bekommen hätte, um zu sehen, ob nicht etwas daraus zu lernen sei; denn so günstig als auch das Urteil sein mag, so lächerlich kann es zugleich sein, wenn es dem Rezensenten am gehörigen Verstande fehlt, welches nicht gar so selten der Fall ist.«

Sein fröhlichster Sommer

Es war Mai, als Vogl und Schubert nach Steyr aufbrachen. Schuberts Stimmung war heiterer als seit langem. Seine Gesundheit schien sich zu stabilisieren, zahlreiche neue Werke von ihm waren, teils bei Sauer und Leidesdorf, teils bei Cappi und Kompagnie, erschienen; er freute sich auf die Begegnungen in Oberösterreich. Überall dort erwarteten ihn Freunde. In Steyr wohnte er mit Vogl zusammen bei Sylvester Paumgartner, dem großen Musikkenner, für den Schubert seinerzeit das ›Forellenquintett‹ geschrieben hatte. Vermutlich wurde es während seiner Anwesenheit auch gespielt. Ende Mai fuhren Sänger und Komponist zu dem Ehepaar Ottenwalt in Linz; Marie Ottenwalt war eine Schwester von Josef von Spaun. Dieser war kurz zuvor als Assessor von Linz nach Lemberg versetzt worden, zur großen Enttäuschung von Schubert: »Du kannst Dir denken, wie sehr mich das ärgern muß, daß ich in Linz an Dich einen Brief schreiben muß nach Lemberg!! Hol der Teufel die infame Pflicht, die Freunde grausam auseinander reißt, wenn sie kaum aus dem Kölch der Freundschaft genippt haben. Da sitz ich in Linz, schwitze mich halbtot in dieser schändlichen Hitz, habe ein ganzes Heft neuer Lieder, und Du bist nicht da! Schämst Dich nicht?«

Vogl und Schubert blieben zunächst nur wenige Tage bei Ottenwalts. Sie besuchten die Klöster St. Florian und Kremsmünster, beides Stätten, in denen verschiedene junge Schubertianer ihre Ausbildung erfahren hatten. Schubert war als Komponist dort längst bekannt, man begegnete beiden Künstlern mit Achtung und Bewunderung. Überall wurde ausführlich musiziert. Danach schloß sich ein längerer Aufenthalt in Gmunden am Traunsee an. Hier wohnten sie bei Ferdinand Traweger »Am unteren Platz«. Schubert hatte in diesen Wochen keine Sorgen. Soweit sie im Gasthof einkehren mußten oder andere Reiseunkosten entstanden, sprang Vogl fürsorglich ein. Man kann sich vorstellen, daß Schubert diese Zeit heiter und entspannt genoß; es wurde sein fröhlichster Sommer. An die Eltern berichtete er nachträglich:

»Ich bin jetzt wieder in Steyr, war aber 6 Wochen in Gmunden, dessen Umgebungen wahrhaftig himmlisch sind, und mich, so wie ihre Einwohner, besonders der gute Traweger, innigst rührten und mir sehr wohl taten. Ich war bei Traweger wie zu Hause, höchst ungeniert. Bei nachheriger Anwesenheit des Herrn Hofrat v. Schiller, der der Monarch des ganzen Salzkammergutes ist, speisten wir (Vogl und ich) täglich in seinem Hause und musizierten sowohl da, als auch in Trawegers Hause sehr viel. Besonders machten meine neuen Lieder aus Walter Scotts ›Fräulein vom See‹, viel Glück. Auch wunderte man sich sehr über meine Frömmigkeit, die ich in einer

Hymne an die heil. Jungfrau ausgedrückt habe, und, wie es scheint, alle Gemüter ergreift und zur Andacht stimmt. Ich glaube, das kommt daher, weil ich mich zur Andacht nie forcire, und, außer wenn ich von ihr unwillkürlich übermannt werde, nie dergleichen Hymnen oder Gebete componire, dann aber ist sie auch gewöhnlich die rechte und wahre Andacht.«

Die Hymne ›An die heilige Jungfrau‹ ist das berühmte ›Ave Maria‹, eines der bekanntesten Lieder von Schubert, unzerstörbar in der Reinheit der Empfindung, der auch unzählige triviale Bearbeitungen nichts anhaben konnten.

Schubert fährt in dem Brief an die Eltern nach einigen Bemerkungen über den Wert von Widmungen seiner Kompositionen fort:

»In Oberösterreich finde ich allenthalben meine Compositionen, besonders in den Klöstern Florian und Kremsmünster. Besonders gefielen die Variationen aus meiner neuen ›Sonate (a-Moll op. 42)‹ zu 2 Händen, die ich allein und nicht ohne Glück vortrug, indem mich einige versicherten, daß die Tasten unter meinen Händen zu singenden Stimmen würden, welches, wenn es wahr ist, mich sehr freut, weil ich das vermaledeyte Hacken, welches auch ausgezeichneten Clavierspielern eigen ist, nicht ausstehen kann.«

Er läßt seinen Bruder Ferdinand grüßen, der offenbar ein großer Hypochonder war: »... er wird gewiß schon wieder 77 mal krank gewesen zu sein und 9 mal sterben zu müssen geglaubt haben, als wenn Sterben das Schlimmste wäre, was uns Menschen begegnen könnte. Könnte er nur einmal diese göttlichen Berge und Seen schauen, deren Anblick uns zu erdrücken oder zu verschlingen droht, er würde das winzige Menschenleben nicht so sehr lieben, als daß er es nicht für ein großes Glück halten sollte, der unbegreiflichen Kraft der Erde zu neuem Leben wieder anvertraut zu werden ...«

»Der unbegreiflichen Kraft der Erde« schien sich Schubert in dieser paradiesischen Landschaft von ganzem Herzen anzuvertrauen. Was dem Aufenthalt bei Trawegers besonderen Reiz verliehen haben mag, war die familiäre Atmosphäre, die ihn hier umfing; nicht, wie seinerzeit in dem immer überfüllten, geräuschvollen Schulmeisterhaus in Roßau, sondern mit biedermeierischer Behaglichkeit.

Zur Familie gehörten zwei Töchter und der kleine Eduard, ein Kind von damals vier Jahren. Es ist das erste Mal, daß Schubert eine persönliche Beziehung zu einem Kind aufnimmt. Der kleine Junge, der damals die Bräune bekam und dem zu seinem Entsetzen Blutegel angesetzt werden sollten, erinnerte sich später genau, daß Schubert ihn schließlich zu dieser Operation überredete und ihm danach zur Belohnung für seine Tapferkeit einen silbernen Bleistiftschuber schenkte.

»Wenn Vogl sang und Schubert am Fortepiano akkompagnierte, durfte ich immer zuhören. Zu diesen Genüssen waren mehrfach Verwandte und Bekannte geladen. Solche Kompositionen, so vorgetragen, mußten die Empfindungen zum Ausdruck bringen, und war das Lied zu Ende, so geschah es nicht selten, daß die Herren sich in die Arme stürzten, und das Übermaß des Gefühles in Tränen sich Bahn brach...«

Schon frühmorgens, noch im Hemd, stürzte Eduardl zu Schubert (nicht zu Vogl, der hatte ihn bei einem solchen Überfall als »schlimmen Buben« davongejagt). »Schubert, noch im Schlafrock und mit der langen Pfeife, nahm mich auf sein Knie, rauchte mich an, setzte mir seine Augengläser auf ... ließ mich in seinem Lockenkopf herumwühlen und war so lieb, daß auch wir Kinder ohne ihn nicht sein konnten.« Schubert studierte dem Kleinen nicht ohne Mühe das Lied ›Guten Morgen, schöne Müllerin‹ ein: »... und noch heute höre ich, wie er mir zurief, Komm Eduardl, sing ›Guten Morgen‹ und Du bekommst den schönen Kreuzer – (gewöhnlich einen Silbergroschen) – und ich quietschte, so gut es ging. Waren Fremde da, so ließ ich mich schwerer dazu bestimmen; aber wenn Schubert mich zwischen die Knie nahm und so akkompagnierte, gings schon doch. Die Herren waren immer sehr gemütlich und heiter; sie machten Land- und Seepartien, und mein guter Vater, der viel Unterhaltungsgabe besaß und es gut verstand, etwas zu arrangieren, war ganz selig. Er sprach von Schubert stets mit Begeisterung und hing ihm mit ganzer Seele an.«

Danach siedelte Schubert wieder nach Linz über, zunächst allein. Er bezog bei den Ottenwalts das gleiche Zimmer, das Josef von Spaun bewohnt hatte; es war liebevoll mit dessen Sachen, einem

Tisch zum Schreiben und Büchern eingerichtet worden. Er fühlte sich auch dort ganz heimisch. Anton Ottenwalt war der älteste Freund des Spaunschen Hauses, um acht Jahre älter als Schubert und seit 1819 mit Marie von Spaun verheiratet. »Er verband mit der strengsten Redlichkeit den reinsten Sinn, das zarteste Gemüt, den genialsten Geist, eisernen Fleiß.« So Josef Kenner, ein Mitschüler Schuberts im Konvikt. Ottenwalt war Redakteur, auch Autor einiger Tragödien; mit Spaun und Mayrhofer hatte er seinerzeit in Wien die ›Beiträge zur Bildung für Jünglinge‹ herausgegeben, von denen schon die Rede war. Aus einem langen ausführlichen Brief an Josef von Spaun spricht sein tiefes Verständnis für den jungen Gast:

»Von Schubert, ich darf fast auch schon schreiben: von *Unserm* Schubert, möchte ich Dir noch vieles sagen... Ich habe mich, eigentlich brüderlicher Beherbergung ausgenommen, vielleicht noch niemals des Gastrechtes so erfreut, wie in den Tagen, wo er bei mir wohnte, mittags unser Gast war und den Abend mit uns im Schloß zubrachte... Vogl hörten wir drei Mal; Schubert selbst ließ sich herbei, unter uns, nach dem Frühstück einiges zu singen, auch trug er seine Märsche, zwei- und vierhändige Variationen, eine Ouvertüre auf dem Klavier vor, Kompositionen von solchem Gehalt, daß mir gar nicht zusteht, darüber zu reden... Könnten wir doch die Weisen in Deine Träume bringen, wie sie uns bis in die sinkende Nacht umklingen.

Schubert war so freundlich, so mitteilend, nicht blos gegen Max, was sich wohl versteht, aber auch gegen uns... Am Sonntag, nachdem Vogl um halb 10 Uhr fort war, blieb er bei uns... Wir saßen bis nicht weit von Mitternacht beisammen und nie hab ich ihn so gesehen noch gehört! – ernst, tief und wie begeistert. Wie er von der Kunst sprach, von Poesie, von seiner Jugend, von Freunden und andern bedeutenden Menschen, vom Verhältnis des Ideals zum Leben u. dergl.

Ich mußte immer mehr erstaunen über diesen Geist, dem man nachsagte, seine Kunstleistung sei so unbewußt, ihm selbst oft kaum offenbar und verständlich und so weiter. Und wie einfach das alles. – Ich kann nicht reden von dem Umfang und einem Ganzen seiner

Überzeugungen – aber Blicke einer nicht blos angeeigneten Weltansicht waren das, und der Anteil, den edle Freunde daran haben mögen, benimmt der Eigentümlichkeit nichts, die sich darin verkündet.«

Auf der Reise nach Gastein, das Vogl wegen einer Kur aufsuchen wollte, blieben sie einige Tage in Salzburg. Sie wohnten im *»Gasthof zum Mohren«*, machten dem Kaufmann und ehemaligen Bürgermeister Pauernfeind einen Besuch und wurden gebeten, beim Grafen von Platz zu musizieren. »... Die Art und Weise, wie Vogl singt und ich accompagniere, wie wir in solchen Augenblicken eins zu sein scheinen, ist diesen Leuten etwas ganz Neues, Unerhörtes.«

In einem ausführlichen Brief an seinen Bruder Ferdinand hat Schubert die lange abwechslungsreiche Postkutschenreise von Steyr über Salzburg nach Bad Gastein mit Stifterscher Präzision beschrieben. Über das Salzburger Tal sagte er: »Denk Dir einen Garten, der mehrere Meilen im Umfange hat, in diesem unzählige Schlösser und Güter, die aus den Bäumen heraus- oder durchschauen, denke Dir einen Fluß, der sich auf die mannigfaltigste Weise durchschlängelt, denke Dir Wiesen und Äcker wie eben so viele Teppiche von den schönsten Farben ... endlich stundenlange Alleen von ungeheuren Bäumen, dieses Alles von einer unübersehbaren Reihe von den höchsten Bergen umschlossen, als wären sie die Wächter dieses himmlischen Thals, denke Dir dieses, so hast Du einen schwachen Begriff von seiner unaussprechlichen Schönheit.«

Eine Woche später setzte er seine Reisebeschreibung für Ferdinand fort und schreibt: »Der folgende Morgen war der schönste Tag von der Welt und in der Welt. Der Untersberg, oder eigentlich der Oberste glänzte und blitzte mit seinem Geschwader und dem gemeinen Gesindel der übrigen Berge herrlich, in, oder eigentlich neben der Sonne. Wir fuhren durch das oben beschriebene Tal, wie durch's Elysium, welches aber vor jenem Paradiese noch das voraus hat, daß wir in einer scharmanten Kutsche saßen, welche Bequemlichkeit Adam und Eva nicht hatten. Statt den wilden Tieren begegneten uns manche allerliebste Mädchen ... Es ist gar nicht recht, daß ich in einer so schönen Gegend so miserable Späße mache, aber ich kann heut einmal nicht ernsthaft sein.«

Höhepunkt dieser Fahrt wurde das Erlebnis von Wildbad Gastein. Ferdinand sagte später, den Aufenthalt dort hätte Franz zu den schönsten Eindrücken seines Lebens gezählt. Ein großer Verehrer seiner Kunst, der Patriarch von Venedig, Johann Baptist Ladislaus Pyrker, hielt sich zur gleichen Zeit dort auf und wurde mit Vogl sein täglicher Umgang. Schubert hat in dieser Zeit zwei Gedichte von Pyrker komponiert, ›Das Heimweh‹ und ›Die Allmacht‹, die später berühmt wurden; auch die ›Klaviersonate in D op. 53‹ scheint hier entstanden zu sein.

Ob er wirklich in dieser Zeit an einer großen Sinfonie gearbeitet hat, die als ›Gasteiner Sinfonie‹ durch viele zeitgenössische und spätere Berichte geistert, ist zweifelhaft. Aufgetaucht ist sie nirgends. Es war bisher nicht zu ermitteln, ob das Werk wirklich auf unerklärliche Weise verlorenging – oder ob es gar nicht existiert hat.

Die Stationen der Rückreise waren wieder Gmunden, Kremsmünster, Steyr und Linz. Am 3. Oktober 1825 fand das letzte Hauskonzert von Vogl und Schubert statt, dieses Mal bei dem Bruder Anton von Spaun, und wieder gefielen die ›Scott-Lieder‹ am besten. Danach trennten sich die Freunde. Vogl ging für ein halbes Jahr mit Graf Haugwitz nach Italien; Schubert reiste mit Josef von Gahy in einem gemieteten Einspänner nach Wien zurück, wo er schon sehnsüchtig erwartet wurde.

Er zog wieder in das Zimmer im »Fruhwirthschen Haus« – nicht, wie Schwind und Bauernfeld vorgeschlagen hatten, mit diesen zusammen. »Da ich dergleichen Junggesellen- und Studentenpläne schon kenne, so möchte ich nicht gerne, daß ich am Ende zwischen zwei Stühlen auf der Erde säße«, schrieb er ihnen recht realistisch von unterwegs. Bauernfelds Tagebuch vermerkt im Oktober:

»Schubert ist zurück. Gast- und Kaffeehaus-Leben mit den Freunden, häufig bis zwei, drei Uhr des Morgens.

Wirtshaus, wir schämen uns,
Hat uns ergötzt,
Faulheit, wir grämen uns,
Hat uns geletzt.

Schober ist darin der Ärgste. Er hat freilich nichts zu tun, tut auch nichts, was ihm Moritz häufig vorwirft.«

Die Schubertianer waren nun wieder fast vollzählig: Schober war schon im Juni von seinem Breslauer Abenteuer zurückgekehrt, Leopold Kupelwieser inzwischen ebenfalls aus Rom. Er hatte dort manche Anregungen durch die »Nazarener« empfangen und war voller Ideen. 1826 erschienen bei Matthias Artaria, einem Sohn des berühmten Domenico Artaria, Schuberts ›Gesänge aus dem Fräulein vom See‹; er erhielt für sein Werk 200 Gulden Konventionsmünze, also mehr als 500 Gulden Wiener Währung. »Ein Honorar, mit welchem er höchlich zufrieden (war), auch gut haushalten wollte, wobei es aber, wie stets bisher, beim guten Vorsatz blieb. Die erste Zeit wurde flott gelebt und traktiert, auch nach rechts und links gespendet – dann war wieder Schmalhans Küchenmeister! Kurz, es wechselte Ebbe und Flut.«

Schuberts Einnahmen waren in diesen Jahren durchaus nicht schlecht; zu den Honoraren für die zahlreichen Veröffentlichungen seiner Kompositionen gesellten sich die Zuwendungen für Widmungen seiner Werke, gelegentliche Unterrichtshonorare und solche für Begleitung in Konzerten. Aber die leidige Situation eines freiberuflich Schaffenden, dessen Einkommen ungleich und nie vorausberechenbar ist, ließ ihn immer wieder in Schulden geraten – besonders, da er, wie Bauernfeld beschreibt, zu sinnvoller Ökonomie ganz unfähig war. Verständnisvolle Freunde, die besser gestellt waren, vor allem Josef von Spaun und Vogl, halfen immer wieder bei der Überwindung derartiger finanzieller Engpässe: zu hungern brauchte Schubert nicht. Es war sein Glück, daß er keine familiären Verpflichtungen besaß – wie seinerzeit Mozart –, daß er keinen festen Wohnsitz finanzieren mußte und für sich persönlich höchst anspruchslos war. Vor allem aber: daß ihn finanzielle Sorgen und berufliche Enttäuschungen in seiner schöpferischen Arbeit nicht im geringsten beeinflußten.

Es war, wie Spaun gesagt hat: Er mußte singen und dichten, das war sein Leben.

Das Jahr 1825 endete mit zwei bemerkenswerten Ereignissen. Am

9. Dezember wurde in der amtlichen ›Wiener Zeitung‹ angezeigt, daß bei Cappi und Kompagnie soeben erschienen sei:

»Das äußerst wohlgetroffene Porträt
des Kompositeurs
Franz Schubert,
gemalt von Rieder.
3 fl. W. W.

Der geniale Tonsetzer, der Musikwelt rühmlichst genug bekannt, welcher besonders mit seinen Vokal-Kompositionen seine Zuhörer so oft entzückte, erscheint hier, durch die Künstlerhand des Herrn Passini in Kupfer gestochen, in sprechendster Ähnlichkeit, und wir glauben daher, den zahlreichen Freunden und Verehrern Schuberts eine willkommene Gabe dargebracht zu haben.«

Ein Zeichen für Schuberts wachsende Bekanntheit.

Der Silvesterabend 1825/26 wurde mit einer Parodie auf den Schubertkreis gefeiert; Bauernfeld hatte sie in Pantomimenmanier witzig und sarkastisch geschrieben. Schober wurde darin als Pantalon von Przelavtsch recht manieriert dargestellt, Schwind als Harlekin, Schubert als phlegmatischer Pierrot, der sich über die Liebesaffären anderer lustig macht, und Netti Hönig, Schwinds gegenwärtige Angebetete, war die Columbine. Sich selber porträtierte Bauernfeld als Dichter, und der Schauspieldirektor trug Züge des für manche des Kreises so wichtigen Herrn Trentsensky. Schwind lieferte ihm die damals so beliebten Mandlbogen, und Bauernfeld übersetzte für seine Wiener Shakespeare-Ausgabe einige der Dramen. Der kleine Spaß hieß ›Die Verwiesenen‹. Bauernfeld trug in sein Tagebuch ein: »Silvester bei Schober ohne Schubert, der krank war. Dramatische Parodie auf sämtliche Freunde und Freundinnen nach Mitternacht unter großem Beifall gelesen.«

Das war der letzte Abend des Jahres 1825 – des Jahres mit Schuberts fröhlichstem Sommer.

Querschnitt eines Jahres

Das Jahr 1826 war für Franz Schubert kein besonders ereignisreiches Jahr. Es gab weder große Erschütterungen noch überraschende Erfolge; finanziell scheint es eher unergiebig gewesen zu sein. Er versuchte seine Einnahmen durch Steigerung der Veröffentlichungen zu verbessern und schrieb fast gleichlautende Briefe mit Angeboten seiner Werke an verschiedene Verleger im Ausland, doch ohne nachhaltigen Erfolg. Am 7. April bewarb er sich durch das bereits zitierte Gesuch an den »Allergnädigsten Kaiser« um die freigewordene Stelle eines Vicehofkapellmeisters. Sie wurde, wie wir wissen, dem Komponisten und Hofkapellmeister Weigl übertragen. Auch die vage Aussicht auf eine Anstellung am »Kärntnertor-Theater« zerschlug sich. Die Gründe dafür werden von verschiedenen Freunden und Zeitgenossen verschieden dargestellt. So blieb nur die Hoffnung auf den neuen Operntext, den Eduard von Bauernfeld ihm versprochen hatte. Er begleitete in diesem Sommer einen Freund nach Kärnten, der dort als Geometer zu arbeiten hatte. Wie lustig es dabei zuging, schilderte er Schubert in einem langen witzigen Gedicht. Sein Opernstoff, »ein türkisch christliches Brouillon«, behandelte die Geschichte des ›Grafen von Gleichen‹: das Problem eines Mannes mit zwei Frauen also. Das Stück hatte von vornherein kaum Aussicht, die Zensur zu passieren. Schubert wäre gern mit Bauernfeld in Oberösterreich zusammengetroffen, schrieb ihm aber am 10. Juli:

»Ich kann unmöglich nach Gmunden oder irgendwo anders hinkommen, ich habe gar kein Geld und es geht mir überhaupt sehr schlecht. Ich mache mir aber nichts daraus und bin lustig.« Er erwähnt, daß Duport, damals künstlerischer Leiter der Hofoper, eine Oper von ihm wünsche, und meint: »So wäre es herrlich, wenn Dein Opernbuch günstig aufgenommen wurde. Dann gäbe es wenigstens Geld, wo nicht gar Ehre!

Schwind ist ganz auf dem Hund, in Hinsicht Nettels! ... *Vogl hat geheurathet!!* Ich bitte Dich, komme sobald als möglich!«

Schubert am Klavier, Zeichnung von Moritz von Schwind. Eines der seltenen Blätter, das Schuberts Hände beim Musizieren zeigt. Im Privatbesitz von Prof. Wilhelm Kempff

Der 57jährige Vogl hatte, ohne vorherige Ankündigung, die ebenfalls nicht mehr ganz jugendliche Tochter des Malers Rosa geheiratet, die ihn vergötterte. Die Verblüffung der Freunde war groß! Erstaunlich scheint, daß Schubert in dieser Zeit in finanziellen Nöten war, obwohl in den ersten vier Monaten des Jahres zahlreiche Werke von ihm herausgekommen sind. Die Verleger scheinen schlecht gezahlt zu haben – bis auf Matthias Artaria, der die 7 Lieder aus ›Scotts Fräulein vom See‹ für 200 fl. K. M. erwarb. Bei ihm erschien auch die brillante ›Klaviersonate in D-Dur op. 53‹, die mit Beethovenschem Elan beginnt, im Verlauf ihrer 4 Sätze immer Schubertischer, immer anmutiger wird, um schließlich mit einem volkstümlich-tänzerischen Rondo zu enden. Bei Pennauer kam seine ›a-Moll-Sonate op. 42‹ heraus und der ›Grande marche funèbre‹ zum Tode Alexanders I. für Klavier vierhändig.

Da Schwind und Schubert in diesem Jahr nicht verreisen konnten, nahmen sie Schobers Einladung, ihn in seinem Währinger Sommerhäuschen zu besuchen, gern an. Sie verbrachten Tage, wenn nicht Wochen in dem ländlichen Domizil, das so anmutig an den Auen des Wienflüßchens lag. Schubert behauptete, daß er gar nichts komponiere; doch sind in Währing zwei seiner Shakespearelieder entstanden, darunter das weltberühmte Ständchen ›Horch, horch, die Lerch' im Ätherblau‹ mit dem zärtlichen Gitarrengeklimper der Klavierbegleitung. Schubert spielte selber Gitarre, hat aber außer einer Jugendkomposition zum Namenstag des Vaters nichts für dieses Instrument geschrieben. Einem Gitarren-Quartett, das ihm lange Zeit zugeschrieben wurde, fügte er lediglich eine Cellostimme hinzu; das Werk selber stammte von Wenzel Matiegka. Die zu seinen Lebzeiten häufig angezeigten Liedausgaben mit Gitarrebegleitung ad libitum wurden von den Verlegern ohne Beteiligung des Komponisten herausgebracht, da die Gitarre für das häusliche Musizieren damals ein beliebtes Instrument war.

Im Juni dieses Jahres hat Schubert sein letztes ›Streichquartett in G-Dur‹ komponiert. Er schrieb das umfangreiche Stück in einem Zuge, innerhalb von nur zehn Tagen – eine unbegreifliche Leistung, wenn man nicht ahnte, daß dieser Niederschrift eine lange Phase innerer Vorbereitung voranging. In keinem der früheren instrumentalen Werke wird uns die tiefe Dämonie seines Künstlertums so nahegerückt wie in diesem. Hier gibt es keine Unsicherheiten, keine Schwächen mehr. Mit nachtwandlerischer Sicherheit stößt Schuberts kühne Konzeption in zukünftige Bereiche vor. Wunderbar tröstlich klingt die Coda des langsamen Satzes, der sich vom schwermütigen e-Moll zum unirdisch schwebenden E-Dur wendet.

Im Frühling 1826 spielte sich im gesellschaftlichen Leben Wiens eine Groteske ab, von der auch zwei Schubert nahestehende Autoren betroffen wurden: Castelli und Grillparzer. Seit etwa acht Jahren existierte in Wien eine sogenannte »Unsinnsgesellschaft«, eine lokkere Vereinigung von Schauspielern, Schriftstellern, Musikern, Malern und Gelehrten. Nach einem Märchenstück des dänischen Dichters Oehlenschläger nannten sie sich »Die Ludlamshöhle«; ihr Treffpunkt war das Extrazimmer im »Blumenstöckl«, einem kleinen Lokal in der Nähe des Stefans-Domes. Allerhand verrückte Riten, Titel und Gebräuche wurden erfunden und durchgeführt, es gab Orden und Strafen, sogar einen Ludlams-Paß und natürlich ein Gästebuch. Einmal in der Woche wurden eigens für die »Ludlam« geschriebene Lieder und Verse von den Autoren vorgetragen. Das Ganze war witzig, übermütig und absolut unpolitisch. Auswärtige Gäste hatten viel Spaß an den übermütigen Abenden; Carl Maria von Weber war hier begeistert gefeiert worden. Schubert und Bauernfeld hatten sich schon um Aufnahme in den lustigen Kreis beworben. Es war ein Verein ohne Vereinsbürokratie, um mehrere Stufen höher und geistreicher als kleinbürgerliche Institutionen ähnlicher Art. Die »Ludlam« war auch wohltätig und dafür schon öffentlich belobt worden.

Am 26. April 1826 ereignete sich Erstaunliches. Sämtliche Polizeikommissäre Wiens mußten um zehn Uhr abends im Oberdirektionssaal antreten. Sie erhielten den geheimen Auftrag, die »Ludlamshöhle«, sobald alle Besucher fortgegangen seien, zu besetzen! Castelli berichtet:

»Man nahm alles so genau in Augenschein, als ob hier ein Mord begangen worden wäre, man sprengte unsere Kästen auf und nahm Papiere, Bilder, Tabakspfeifen, Wandporträts auswärtiger Ludlamiten, kurz alles weg – und – o Lächerlichkeit sondersgleichen – zwei Polizeikommissäre trugen unsere große schwarze Tafel mit aller möglichen Vorsicht, damit ja nichts verwischt werde, hinweg. Es war auch wirklich etwas sehr Verfängliches und Rätselhaftes, was eben darauf stand. Sie lasen nämlich: diesmal ist der Samstag an einem Sonntag. (Wir gaben dadurch kund, daß diesmal nicht, wie gewöhnlich, am Samstage, sondern am Sonntage gelesen werde) ...

Zu mir kamen am nächsten Morgen schon um 6 Uhr früh der Polizeirat P. und der Praktikant N. Zwei Polizeisoldaten hatten sie mitgebracht, deren einer am Tor meines Hauses, der andere an der Tür meiner Wohnung Posto fassen und die weiteren Befehle abwarten mußten... Sie sagten mir, daß sie Befehl hätten, alle meine Schriften zu durchsuchen und legitimierten sich mit einem schriftlichen Auftrage.

Ich bemerkte ihnen, daß sie sich wohl in der Person irren könnten, mein Name sei Castelli und ich sei derselbe Castelli, welcher erst vor kurzem durch sein Gedicht ›Der Bauer bei des Kaisers Krankheit‹ seine Gefühle der Verehrung für seinen Monarchen bewiesen habe... Sie beharrten auf ihrer Zumutung und ersuchten mich, ihnen mein Schreibpult aufzuschließen und ihnen meine Schriften und Briefe zu zeigen... Sie musterten die Briefe durch und legten alle, ohne etwas zu lesen, wieder in die Lade. Nur einen einzigen Zettel nahmen sie heraus... Das war aber auch ein sehr verdächtiger Zettel: denn es standen die Namen mehrerer Ludlamiten darauf und bei jedem derselben eine Zahl. Ich hielt nämlich einen Journalzirkel, und auf dem Zettel standen die Nummern der Blätter, welche jeder bereits gelesen hatte...«

Nach einem umständlichen Verhör wurde Castelli bedeutet, daß er Hausarrest habe, sein Zimmer nicht verlassen und mit niemandem sprechen dürfe; ein junger Polizeiangestellter blieb als Wache dort. Er wurde abends abberufen. Im Laufe zahlreicher Vernehmungen erfuhren die Ludlamiten schließlich, daß bei einer in Rußland entdeckten Verschwörung ein verhafteter Schauspieler einen Ludlams-Paß bei sich getragen hatte! Dieses »Objekt« war der Wiener Polizei übersandt worden, und nun griff ein übereifriger Hofrat den Fall auf. Akten und Gelder wurden schließlich zurückgegeben, die lustige Gesellschaft aber mußte tatsächlich aufgelöst werden. Der übereifrige Hofrat hat sich übrigens kurz danach das Leben genommen. Castelli und seinesgleichen hatten auch an dieser übertriebenen Polizeiaktion noch ihren Spaß. Grillparzer nahm die Sache nicht so leicht. Es war ja nicht seine erste Erfahrung dieser Art. In seinem Tagebuch notierte er:

»... morgens um 6 Uhr, da ich, spät zu Bett gegangen, noch im Schlafe lag, von 3 Polizeibeamten überfallen worden, die mich aufstehen und ihnen alle meine Schriften zur Einsicht vorlegen hießen. Alles ward durchsucht, ein weitläufiges Verhör aufgenommen. Anfangs glaubte ich den Verdacht eines wichtigen Staatsverbrechens auf mich geladen zu haben; endlich zeigte sich, daß die ganze Untersuchung sich auf die sogenannte Ludlams-Höhle bezog, eine Versammlung froher Menschen, in der ich erst seit 8 Wochen her einige Abende zugebracht hatte. Zum Scherze gewählte Abzeichen und Gesellschaftsnamen, einige Verhaltungsregeln, die man niedergeschrieben und mit Geldstrafen belegt, hatten die Aufmerksamkeit auf sich gezogen ... 32 Kommissäre, um Mitternacht aufgeboten, erbrachen den Versammlungsort im 2. Stock eines Wirtshauses und verteilten sich sodann in die Wohnungen der vornehmsten Mitglieder, d. h. derjenigen, die als Schriftsteller bekannt waren. Untersuchung, Verhör, Hausarrest bis abends. Gerade weil sie nichts Verdächtiges gefunden, werden sie genötigt sein ihre Dummheit zu bemänteln, etwas herauszusuchen ...«

Grillparzer war von der Zensur schon häufig sekkiert und verdächtigt, Werke von ihm waren verboten oder, wie ›König Ottokar‹, jahrelang unterdrückt worden. Der neue lächerliche Übergriff der Polizei empörte ihn aufs äußerte. Doch seine persönlich loyale Einstellung zum österreichischen Staat wie seine Position als Hofbeamter verboten ihm, seine Ansicht zu äußern. Er litt schweigend.

Im Frühjahr, als Schubert mit Bemühungen um eine Verbesserung seiner Einnahmen beschäftigt war, wurde Beethovens ›B-Dur-Quartett op. 130‹ von Schuppanzigh und seinen Mitspielern öffentlich aufgeführt. Es war das letzte Mal, daß Beethoven bei einer solchen Veranstaltung anwesend war. Der 6. Satz des Werkes, die als Finale entworfene Große Fuge, wurde bei dieser ersten Darbietung von Spielern wie Hörern nicht voll verstanden und akzeptiert. Auf Wunsch des Verlegers durfte sie später als selbständiger Satz erscheinen; Beethoven komponierte als Ersatz ein heiteres Rondo-Finale. Sein gesundheitlicher Zustand war damals schon sehr schlecht. Das Gehör war fast ganz erloschen, er mußte sich bei Gesprächen seit langem der Konversationshefte bedienen. Gehbeschwerden, Gichtschmerzen und heftige Koliken quälten ihn, deren Behandlungsweise oft geändert wurde; Beethoven wechselte die Ärzte ebenso willkürlich wie seine Dienstboten. Ständige Aufregungen bereitete ihm die Vormundschaft über seinen Neffen Karl, die er beim Tode des Bruders übernommen hatte und der er weder physisch noch psychisch gewachsen war. Aus Geldverlegenheit, aus Lebensüberdruß, vielleicht auch, um seinen Onkel zu erschrecken, beging Karl am 30. Juli 1826 einen Selbstmordversuch. Er hatte sich eine Pistole besorgt, Abschiedsbriefe geschrieben, auch Andeutungen über sein Vorhaben gemacht und war am frühen Morgen auf die Ruine Rauhenstein im Helenental gestiegen. Dort verletzte er sich durch einen Schuß leicht am Kopf. Er wurde von einem Fuhrmann aufgefunden und in ein Wiener Hospital gebracht.

Beethoven hat diesen Schock nie mehr verwunden. Er hat den Neffen, trotz allem Kummer, den er ihm bereitete, immer als geliebten Sohn betrachtet. Anton Schindler, Beethovens langjähriger Vertrauter, beschreibt die erschreckende Veränderung, die mit dem damals 56jährigen vorgegangen war. »Dahin war das Feste, Stramme in allen seinen Körperbewegungen, ein Greis von nahezu siebenzig Jahren stand vor uns, willenlos, fügsam, jedem Luftzug gehorchend.« In dieser Zeit arbeitete Beethoven an seinem letzten Streichquartett. Als Motto steht über dem Finale:

Wenn wir den Blick von dieser tragischen Lebenslandschaft nun wieder auf Schuberts äußere Situation richten, umfängt uns reinste Biedermeierluft. Ende Juli, ungefähr am selben Tage, an dem Karl van Beethoven seinen finsteren Plan vorbereitete, waren Schwind und Schubert von ihrem Währinger Sommerdomizil zu Fuß nach Nußdorf gewandert. Sie warteten in einem hübschen Café an der Landungsstelle der donauabwärts fahrenden Schiffe auf Bauernfeld, der hier ankommen sollte. Sicher werden sie sich die Zeit mit einem der damals in Wiener Caféhäusern üblichen Getränke vertrieben haben: mit Tee, Kaffee, Schokolade, Limonade, Mandelmilch oder, da Sommer war, mit einem Gefrorenen. Bauernfeld erzählt von seiner Ankunft:

»Als wir des Abends in Nußdorf landeten, liefen mir Schwind und Schubert aus dem Kaffeehaus entgegen. Großer Jubel! – Wo ist die Oper? fragte Schubert – Hier! – Ich überreichte ihm feierlich den ›Grafen von Gleichen‹. Zu Schober nach Währing. Nach alter Sitte brachten wir alle die Nacht miteinander zu, und nun gings an ein Erzählen! Die Poesie ist vorüber, die Lebensprosa beginnt aufs Neue.« Für Bauernfeld begann sie mit seiner Verpflichtung als Konzeptspraktikant am 11. September. »Es ist mir, als sollte ich gehängt werden«, notiert er im Tagebuch.

Auch für Moritz von Schwind hatte ein neuer Lebensabschnitt begonnen: im August 1826 erschien zum ersten Mal ein Gemälde von ihm in der Wiener Öffentlichkeit. Die »Akademie der Künste« zeigte sein ›Käthchen von Heilbronn‹, eine romantische Darstellung des träumenden Mädchens unter dem Holunderbusch, erstaunlich gekonnt, doch noch ohne die volksliedhafte Anmut späterer Werke.

In den Abendunterhaltungen der »Gesellschaft der Musikfreunde« kamen wieder häufig Werke von Schubert zu Gehör. Auch hatte die Gesellschaft Johann Baptist Jenger, den ausgezeichneten Klavierspieler, beauftragt, eine Biographie seines Freundes Schubert zu schreiben – ein Zeichen für die wachsende Beliebtheit und für die Anerkennung, die seine Werke bei den Fachleuten fanden. Am 12. Oktober erhielt er durch Raphael Georg Kiesewetter außerdem folgende Mitteilung:

»Sie haben der Gesellschaft der Musikfreunde des österreichischen Kaiserstaates wiederholt Beweise der Teilnahme gegeben und Ihr ausgezeichnetes Talent als Tonsetzer zum Besten derselben und insbesondere des Konservatoriums verwendet.

Indem sie Ihren entschiedenen und ausgezeichneten Wert als Tonsetzer zu würdigen weiß, wünschet sie, Ihnen einen angemessenen Beweis ihrer Dankbarkeit und Achtung zu geben und ersucht Sie, den Anschluß nicht als Honorar, sondern als einen Beweis aufzunehmen, daß sich Ihnen die Gesellschaft verpflichtet finde und mit Dank die Teilnahme, die Sie ihr bewiesen, anerkenne.«

Dem Brief waren 100 fl K. M. beigefügt. Schubert hatte der Gesellschaft Anfang Oktober eine Sinfonie gewidmet; möglicherweise die verlorengegangene ›Gasteiner Sinfonie‹. Der Hinweis Kiesewetters, er möge die Gabe nicht als Honorar auffassen, bezieht sich jedenfalls auf jene Widmung. Leider hat sich in den Archiven der Gesellschaft kein sinfonisches Werk aus dieser Zeit gefunden.

Ebenfalls im Oktober erhielt Bauernfeld die Nachricht, daß seine Oper, ›Der Graf von Gleichen‹, von der Zensur verboten worden sei. »Schubert will sie trotzdem komponieren«, notiert er. Doch vollendet hat der Komponist diese Partitur nicht mehr.

Ein Werk von größter Geschlossenheit und poetischem Gehalt schuf er im gleichen Monat, die ›Fantasie-Sonate in G-Dur op. 78‹. Spaun, der seit Ende April wieder in Wien war und als 3. Assessor in der Lottodirektion arbeitete, erzählt: »Ich fand ihn eines Morgens an einer Sonate schreibend. Obwohl gestört, spielte er mir sogleich das fast vollendete Stück, und als ich ihm Beifall zollte, sagte er: gefällt Dir die Sonate, so soll sie auch Dein sein, ich möchte Dir ja so viel Freuden machen als ich nur kann. Und bald darauf brachte er sie mir gestochen und dediziert.«

In diesem Fall geschah etwas Unglaubliches:

Das Werk erschien wenige Monate später, und zwar im 9. Heft des »Museum für Klaviermusik« bei Tobias Haslinger. Das erste der Hefte enthielt Beethovens ›Hammerklavier-Sonate op. 101‹. Für Schubert muß diese Tatsache wie ein Ritterschlag gewesen sein.

Winterreise

Im Winter 1826/27 wurden zahlreiche »Schubertiaden« veranstaltet. Franz und Fritz von Hartmann, zwei Studenten aus Linz, studierten damals in Wien; sie hatten daheim, bei den Familien Spaun und

Ottenwalt, Schuberts Lieder kennengelernt und waren bei den Besuchen von Vogl und Schubert in Linz unter ihren Zuhörern gewesen. Diese Eindrücke hatten sie zu Schubertianern gemacht. In Wien kamen sie durch Josef von Spaun in den engeren Kreis der Freunde. Man nahm sie freundschaftlich auf, denn ihre Begeisterung für Schuberts Musik war echt und nachhaltig; man kann fast sagen, daß sie süchtig nach diesen Klängen gewesen sind. Außerdem genossen sie die heitere, ungezwungene Atmosphäre des Freundeskreises, in dem Maler, Musiker, Schriftsteller, überhaupt geistig interessierte Menschen den Ton angaben.

Aus den Hartmannschen Tagebuchaufzeichnungen gewinnt man den Eindruck, daß die Schubertfreunde fast täglich, mindestens aber alle zwei bis drei Tage zusammenkamen. Sie hörten gemeinsam Musik, die Schubert ihnen vortrug, sie beteiligten sich an Lesungen, die hinterher oft zu lebhaften Diskussionen führten, veranstalteten mit den andern »Würstelbälle« und kehrten häufig danach noch irgendwo ein.

Eine Zeitlang war der Gasthof »Zur ungarischen Krone« ein beliebter Treffpunkt; dort spielte eine mechanische Uhr Schubert-Melodien. »Zum grünen Anker« lag hinter dem Stefans-Dom, auch das vielbesuchte »Café Bogner« war in der Nähe. Im Frühjahr wurde »Zum Schloß Eisenstein« Stammsitz der Schubertianer; auch »Wo der Wolf den Gänsen predigt« und »Zum goldenen Rebhuhn«, nahe St. Peter, gehörten zu den bevorzugten Lokalen.

Manchmal erfahren wir durch die Tagebücher der Brüder Hartmann amüsante Details, so, wenn einer von ihnen nach dem Zusammensein mit Schober notiert: »... ich bekam wieder ein Stück Geld recht lustig los; einen Zwanziger nämlich von diesem Jahre, den ich bekam, zeigte ich her, und Schober schob ihn ein, als gehörte er sein. Wie wehmütig sah ich diesem Zwanziger nach!«

Es scheint, daß Schober, der sich Schubert gegenüber oft so hilfreich und großzügig verhielt, bei anderen Freunden weniger Skrupel entwickelte.

Ein gemeinsamer winterlicher Aufbruch aus dem »Grünen Anker« wird folgendermaßen geschildert:

»Wie wir aus dem Anker hinaustreten, ist alles tief angeschneit. Wir bekommen Lust zu schneeballen, was wir sogleich zur Ausführung bringen, dort, wo sich die Grünangerstraße in die Singerstraße mündet. Spaun hilft mir und Fritz und Schober dem Schwind. Schober trifft mich immer und tüchtig und ich besonders ihn oder Schwind. Spaun schützt sich gegen die Schüsse herrlich mit seinem aufgespannten Regendach. Schubert und Haas nehmen nicht am Kampfe teil...«

Über eine »Schubertiade« bei Spaun heißt es: »Es wurde eine prächtige Sonate auf 4 Hände, herrliche Variationen und viele prächtige Lieder, worunter ein ganz neues, und unter den alten ›Nacht und Träume‹ und der ›Erlkönig‹ gemacht. Ein gar schönes: ›Die Abendröte‹ wurde von Vogl 2 mal gesungen, der gerade besonders gut aufgelegt war... Endlich nahmen wir von unseren freundlichen Wirten Abschied und gingen in hellen Haufen zum »Café Bogner«, wo wir einige Pfeifen rauchten und auf der Gasse Schwind laufend durch Mantelschwingen das Fliegen täuschend nachahmte« – Schwind hatte sich seit Jahren einen Radmantel gewünscht und ihn endlich erhalten; er konnte damit die Flügelbewegungen einer Fledermaus täuschend nachahmen –, »indem er, laufend, zugleich während er sprang und also die Füße in der Luft schwebten, seinen Mantelkragen mit beiden Armen in die Höhe warf.« An diesem Spaß, wie auch an der Schneeballszene – Spaun mit Schirm hat er gezeichnet – kann man Schwinds ungebrochene Jugendlust ablesen. Im Vergleich zu Schubert war er noch immer *Giselher, das Kind.*

Im Februar 1827 komponierte Schubert die ersten zwölf Lieder der ›Winterreise‹. Er hatte die Gedichte von Wilhelm Müller in dem Almanach ›Urania‹ gefunden. Sie müssen ihn sofort gepackt haben. Er vertonte sie, ohne zu ahnen, daß dieser Zyklus noch einen zweiten Teil besaß. Er entdeckte ihn erst im Spätsommer des gleichen Jahres und komponierte die restlichen Gedichte im Oktober 1827.

Die Trauer, die Zerrissenheit, die ungeheure Verödung, in der sich der Sänger dieser »Reise« befindet, sprechen nicht die Sprache der Biedermeiermenschen. Mit den Ausdrucksmitteln dieses Zeitstils hätte Schubert solche Sensibilität, so bohrenden Schmerz nicht darstellen können. Er erfand neue Klänge dafür, er drang in Tiefen ein, die bisher im Liede noch nie erschlossen worden waren. Die Wanderseligkeit, die Wanderunrast der ›Müllerlieder‹, in denen es um romantische Liebe, Enttäuschung, Seligkeit und persönliches Leid ging, ist hier zu einer abstrakten Wanderung abgewandelt worden. Schnee und Sturm, fallende Blätter und spiegelndes Eis werden Symbole für die Ausweglosigkeit eines irrenden Menschen. Man kann verstehen, daß Schubert, als er diese Gesänge schuf, seelisch krank war, daß er sich von jeder Gesellschaft, auch der liebsten, distanzieren mußte. Spaun berichtete darüber: »Schubert war durch einige Zeit düster gestimmt und schien angegriffen. Auf meine Frage, was in ihm vorgehe, sagte er nur: ›Ihr werdet es bald hören und begreifen.‹ Eines Tages sagte er zu mir: ›Komme heute zu Schober, ich werde Euch einen Zyklus schauerlicher Lieder vorsingen. Ich bin begierig zu sehen, was Ihr dazu sagt. Sie haben mich mehr angegriffen, als dieses je bei anderen Liedern der Fall war.‹

Er sang uns nun mit bewegter Stimme die ganze ›Winterreise‹ durch. Wir waren durch die düstre Stimmung dieser Lieder ganz verblüfft, und Schober sagte endlich, es habe ihm nur ein Lied darunter gefallen, nämlich ›Der Lindenbaum‹. Schubert sagte hierauf: ›Mir gefallen diese Lieder mehr als alle anderen, und sie werden Euch auch noch gefallen.‹ Und er hatte recht, denn bald waren wir begeistert von diesen wehmütigen Liedern, die Vogl unübertrefflich vortrug. Schönere deutsche Lieder gibt es wohl nicht, und sie waren sein eigentlicher Schwanengesang. Schubert war von da an angegriffen, ohne daß jedoch sein Zustand besorgniserregend gewesen wäre. Viele glaubten, und glauben vielleicht noch, Schubert sei ein stumpfer Geselle gewesen, den nichts angreife; die ihn aber näher kannten, wissen es, wie tief ihn seine Schöpfungen angriffen und wie er sie in Schmerzen geboren. Wer ihn nur einmal an einem Vormittag mit Komponieren beschäftigt gesehen hat, glühend und mit leuchtenden Augen, ja selbst mit einer anderen Sprache, einer Somnambule ähnlich, wird den Eindruck nie vergessen. (Wie hätte er auch diese Lieder schreiben können, ohne im Innersten davon ergriffen zu sein!) Nachmittags freilich war er wieder ein anderer, allein er war zart und tief fühlend, nur liebte er es, seine Gefühle nicht zu zeigen, sondern in sich zu verschließen.«

In demselben Monat, in dem Schubert von diesen schwermütigen Versen so vollständig besessen war, daß er alles um sich her vergaß und auch seine Freunde vernachlässigte, verschlechterte sich Beethovens gesundheitlicher Zustand bedenklich. Seit dem Selbstmordversuch des Neffen und einem mißglückten Landaufenthalt bei seinem Bruder Johann ging es bergab mit ihm. Er litt an Wassersucht; mehrmals versuchten die Ärzte, ihm durch einen Bauchstich Erleichterung zu verschaffen, doch bildete sich das Wasser in Kürze von neuem. Die Schilderungen der wenigen Besucher, die Beethoven in dieser Zeit noch empfing, stimmen traurig. Von Schmerzen und physischen Veränderungen gequält, vereinsamt durch die fast vollständige Ertaubung, mangelhaft versorgt und im Grunde hilflos, erwartete der große Mann den Tod. Alles, was ihn jetzt noch an Geschenken, Einladungen oder Ehrungen erreichte, kam zu spät. Wenige Freuden standen dem gegenüber. Im Februar 1827 erhielt er Händels sämtliche Werke in 40 Prachtbänden von einem Londoner Verehrer übersandt. »Ein königliches Geschenk«, nannte es Beethoven und meinte: »Von dem kann ich noch lernen.« Franz Schubert hat, als er Händels Werke erhielt, ähnliches empfunden: »Da sehe ich erst, was mir noch abgeht, was ich noch alles zu lernen habe ...«

Zu den Besuchern der letzten Lebenszeit gehörte auch Schuberts Freund Jenger. Er kam mit Empfehlungen und Briefen des Ehepaars Pachler; Jenger war eine Zeitlang Kanzleibeamter in Graz gewesen und hatte sich in dieser Zeit mit ihnen angefreundet. Marie Pachler kannte Beethoven aus ihrer Wiener Zeit. Er schätzte sie als Klavierspielerin seiner Werke und nannte sie »die wahre Pflegerin meiner Geisteskinder«.

Jenger überbrachte Beethoven eine Einladung nach Graz. Er erschrak, als er in das Krankenzimmer trat, »wo alles durcheinander lag, wie in einer Rüstkammer«, und er Beethoven sehr leidend im Bett vorfand. Es wurde ihm bewußt, daß kaum noch Aussicht bestand, ihn nach Graz zu bringen. Er hat Frau Pachler eingehend über seine traurigen Eindrücke berichtet.

Große Freude bereitete Anton Schindler, Beethovens Faktotum durch viele Jahre, mit einer musikalischen Gabe. Er berichtet:

»Man mußte an eine Zerstreuung für ihn denken, die seinem Geiste und seiner Neigung entsprach. So kam es auch, daß ich ihm eine Sammlung von Schuberts Liedern und Gesängen, ungefähr 60 an der Zahl, darunter viele damals noch im Manuskripte, vorlegte ... Der große Meister, der früher nicht 5 Lieder von Schubert kannte, staunte über die Zahl derselben und wollte gar nicht glauben, daß Schubert bis zu jener Zeit bereits über 500 geschrieben hatte. Aber staunte er schon über die Zahl, so geriet er in die höchste Verwunderung, als er ihren Inhalt kennen lernte. Mehrere Tage hindurch konnte er sich gar nicht davon trennen ... Beethoven wollte nun auch Schuberts Opern und Klaviersachen kennenlernen; aber seine Krankheit schritt so unerbittlich fort, daß es dazu nicht mehr gekommen ist. Doch sprach er noch oft von ihm und prophezeite, daß dieser in der Welt noch viel Aufhebens machen werde.«

Ob Schubert wirklich, wie mehrfach berichtet wurde, den Schwerkranken mit Hüttenbrenner und dem Maler Teltscher besucht hat, ist umstritten und, angesichts der großen Schüchternheit, die er Beethoven gegenüber empfand, auch kaum denkbar. Doch hat er erfahren, daß der Meister sich mit seinen Liedern beschäftigt und bedauert habe, ihn nicht früher kennengelernt zu haben.

In dieser Zeit war der Wiener Öffentlichkeit bereits bekannt, daß Beethovens Zustand hoffnungslos war. Beim Gedanken an den bevorstehenden Verlust bewegte tiefe Trauer die große Zahl seiner Freunde und Bewunderer.

Am 25. März gegen Abend suchte Anton Schindler Franz Grillparzer auf. Er bat ihn, für das Begräbnis Ludwig van Beethovens eine Rede zu schreiben, da stündlich mit seinem Ableben gerechnet werden müsse. Der Burgschauspieler Heinrich Anschütz, ein Freund auch Schuberts, sollte seine Worte am offenen Grabe sprechen. Als Grillparzer am nächsten Tage bei der Arbeit war, wurde ihm mitgeteilt, daß Beethoven abends gegen 6 Uhr gestorben sei. »Da tat es einen starken Fall in meinem Innern, die Tränen stürzten mir aus den

Beethovens Begräbnis: ein öffentliches Ereignis, das ganz Wien bewegte. Die Schulen waren geschlossen worden, Militär mußte auf den von Menschenmengen überfluteten Straßen für Ordnung sorgen. Franz Schubert gehörte zu den namhaften Musikern und Dichtern, die, blumengeschmückt, mit Fackeln in den Händen, zu beiden Seiten des Sarges schritten.
Ausschnitt aus einem Aquarell von F. Stober

Augen, und ich habe die Rede nicht in der Prägnanz vollenden können, in der sie begonnen war.«

Was sich dann im weiteren Verlauf der Trauervorbereitungen ereignet hat, wirkt wie das Satyrspiel zu einer Tragödie. Der Zensor nämlich hielt es für rätlich, »da ein großer Zusammenfluß von Menschen polizeiliche Rücksichten erheischen dürfte«, die beabsichtigte Trauerfeier der k. k. Polizei-Oberdirektion zu melden. Die Rede von Grillparzer mußte dem Polizeidirektor vorgelegt werden, der sie nach oben weiterreichte; schließlich wurde die Zustimmung zur Vorlesung am Grab von der Erlaubnis der Geistlichkeit abhängig gemacht. Der Generalvikar nahm daran Anstoß, der Erzbischof mußte gefragt werden – er verweigerte die Erlaubnis!

Am 29. März nachmittags um 3 Uhr begann das Leichenbegängnis. Schon Stunden vorher hatte sich eine große Menschenmenge vor dem »Schwarzspanierhaus« versammelt; die Schulen waren geschlossen, Militär sollte für Ordnung in den Straßen sorgen. Die Zeitung ›Der Sammler‹ berichtete:

»Der Sarg mit dem Leichnam des großen Tonsetzers war im Hofe aufgestellt. Nachdem sich die Geistlichkeit eingefunden hatte, um ihr heiliges Amt zu verrichten, reihten sich die zu dieser Feierlichkeit geladenen Gäste, Tonkünstler, Sänger, Dichter, Schauspieler, sämtlich in vollständigem Traueranzuge, mit beflorten Fackeln und Blumensträußen am Arm um die Bahre, und die Sänger stimmten das von dem Verewigten komponierte Miserere an.«

Danach wurde der Sarg in die Pfarrkirche in der Alserstraße getragen. Acht Kapellmeister hielten die Zipfel des Bahrtuches; zu beiden Seiten des Sarges gingen 36 Fackelträger, unter denen sich Ferdinand Raimund, Franz Grillparzer, Ignaz Franz Castelli, Franz Schubert und fast alle Wiener Musiker von Rang befanden. Nach dem Gottesdienst wurde der Sarg auf einen mit vier Pferden bespannten Leichenwagen gehoben und zum Währinger Kirchhof geführt. Scharen von Menschen begleiteten den Kondukt. Am Eingang zum Friedhof wurde Anschütz zurückgewiesen und aufgefordert, die Rede Grillparzers vor dem Tor zu verlesen. Das geschah. »... und diese Einschränkung raubte der großartigen Feierlichkeit nichts von ihrer schmerzlich tiefen Bedeutung«, vermerkte Anschütz. Der letzte Abschnitt dieser Rede hat folgenden Wortlaut:

»Ein Künstler war er, aber auch ein Mensch. Mensch in des Wortes vollkommenster Bedeutung. Weil er von der Welt sich abschloß, nannten sie ihn feindselig, und weil er der Empfindung aus dem Wege ging, gefühllos. Ach, wer sich hart weiß, der flieht nicht! ... Bis zum Tode bewahrte er ein menschliches Herz allen Menschen, ein väterliches den Seinen, Gut und Blut aller Welt.

So war er, so starb er, so wird er leben für alle Zeiten.

Ihr aber, die Ihr unserm Geleite gefolgt bis hierher, gebietet Eurem Schmerz! Nicht verloren habt Ihr ihn, Ihr habt ihn gewonnen. Erst wenn die Pforte des Lebens hinter uns sich schließt, springen auf die Pforten zum Tempel der Unsterblichkeit. Dort steht er nun bei den Großen aller Zeiten, unantastbar, für immer. Drum scheidet, trauernd, aber gefaßt von seiner Ruhestätte, und wenn Euch je im Leben wie der kommende Sturm die Gewalt seiner Schöpfungen übermannt, wenn Eure Tränen fließen in der Mitte eines jetzt noch ungeborenen Geschlechtes, so erinnert Euch dieser Stunde und denkt: wir waren dabei, als sie ihn begruben, und als er starb, haben wir geweint.«

Nach der Beisetzung trafen sich Schubert und einige der Freunde, die dem Trauerkondukt gefolgt waren, in »Schloß Eisenstadt«. Sie saßen noch lange nach Miternacht dort zusammen und sprachen über Beethoven; »von seinen Werken und den wohlverdienten Ehren, die heute seinem Andenken bezeigt wurden.«

»Muß selbst den Weg mir weisen«

Auch im Frühjahr 1827 gab es zahlreiche Aufführungen von Schuberts Werken: Chorlieder, Vokalquartette, Sololieder und, im letzten Abonnementskonzert des Schuppanzighquartetts, die erste öffentliche Wiedergabe seines ›Oktetts‹. Außer diesem Kammermusikwerk wurde am gleichen Abend noch Beethovens Liederzyklus ›An die ferne Geliebte‹ gesungen und sein ›Klavierkonzert Es-Dur‹ gespielt; letzteres in einem Arrangement für 2 Klaviere mit Quartettbegleitung. Eine Form der Wiedergabe, die wir uns schwerlich als befriedigend vorstellen können. Über das ›Oktett‹ schrieb die ›Wiener Allgemeine Theaterzeitung‹:

»Herrn Schuberts Komposition ist dem anerkannten Talent des Autors angemessen, lichtvoll, angenehm und interessant; nur dürfte die Aufmerksamkeit der Hörer durch die lange Zeitdauer vielleicht über die Billigkeit in Anspruch genommen sein. Wenn auch in den Thematen einige ferne Anklänge an bekannte Ideen mahnen sollten, so sind sie doch mit individueller Eigentümlichkeit verarbeitet, und Herr Schubert hat sich in dieser Gattung als ein wackerer und glücklicher Tonsetzer erprobt.«

Der Ton ist wohlwollend, leicht herablassend, wie so häufig Schubert gegenüber. Seine wirkliche Bedeutung hatte die Öffentlichkeit noch keineswegs erkannt. Dafür wurde der Komponist in zahlreichen »Schubertiaden« dieser Zeit um so aufrichtiger gefeiert. Auch neue Veröffentlichungen brachte das Jahr; die Beziehung zu Diabelli war wieder aufgenommen; es erschienen mehrere Liederhefte teils bei diesem, teils bei Haslinger. Die »Gesellschaft der Musikfreunde« hatte Schubert zum Mitglied ihres Repräsentantenausschusses gewählt; er bedankte sich in einem höflichen Schreiben für diese Auszeichnung.

Ein paar Wochen verbrachte er mit Franz von Schober im Vorort Dornbach, direkt am Wiener Wald. Sie wohnten im Gasthof »Zur Kaiserin von Österreich«; Schubert wohl als Gast des Freundes. Um diese Zeit hielt sich Hoffmann von Fallersleben, Sprachforscher und Dichter des Deutschlandliedes nach Haydns Melodie, mit seinem Freund Panofka, einem Gesangspädagogen, in Wien auf. Hoffmanns Bericht über seine Suche nach Schubert ist so aufschlußreich, auch für die Wiener Szene, daß er wörtlich folgen soll.

»Schon mehrmals hatte ich gegen Panofka den Wunsch geäußert, wie gerne ich Franz Schubert kennenlernen möchte. ›Gut‹, sagte

Panofka, ›dann wollen wir nach Dornbach hinaus, dort ist Schubert den Sommer über sehr viel, und es ist auch besser, wenn wir ihm dort begegnen.‹ Wir fahren mit dem Stellwagen eines Samstags gegen Abend hinüber. Bei unserm Eintritt zur ›Kaiserin von Österreich‹ ist unsere erste Frage nach Schubert. Da heißt es denn: Der kommt schon lange nicht mehr nach Dornbach, er müßte sich denn des Sonntags mal einfinden. Also etwas Trost doch auf morgen... Den andern Morgen gehen wir in den Wald zum Jägerhaus, freuen uns an dem schönen Grün, lustwandeln oder liegen auf dem Rasen, frühstücken und kehren zu unserer ›Kaiserin‹ zurück. Nirgends ein Schubert... Wir versuchen nun einen anderen Weg, an Schubert zu gelangen. Wir laden ihn freundlichst ein, in den ›Weißen Wolf‹. Der Platz für ihn ist belegt, wir und der Wein warten auf ihn. Er kommt nicht, wir trinken seinen Wein. Vierzehn Tage später ist gerade Maria Himmelfahrt. Um 2 Uhr fahre ich mit Panofka im Stellwagen nach Nußdorf. Wir fahnden auf Schubert, vergebens... Wir wandern weiter nach Heiligenstadt. Unterwegs hübsche Wirtshäuser mit schattigen Gärten, überall Musik, wenn auch nur eine Geige von der Gitarre oder auch noch Gesang begleitet. Wir schlendern weiter bis Grinzing und kehren tief im Dorfe ein. Der Wein schlecht, aber es sitzt sich gut im Garten. Ein alter Fiedler spielt aus Mozart und dreht sich nach allen Weltgegenden, damit jeder etwas zu hören bekommt... Plötzlich ruft Panofka aus: ›Da ist er!‹ und eilt fort zu Schubert, der eben, von mehreren Fräulein umgeben, sich einen Platz sucht. Panofka bringt ihn zu mir. Freudig überrascht begrüße ich ihn, erwähne flüchtig, wieviel Mühe wir uns gegeben hätten, ihn zu finden, wie sehr ich mich freute, ihn persönlich kennenzulernen und dergleichen. Schubert steht verlegen vor mir, weiß nicht recht, was er antworten soll, und nach wenigen Worten empfiehlt er sich und – läßt sich nicht wieder blicken.

›Nein‹, sage ich zu Panofka, ›das ist denn doch ein bißchen stark. Nun wäre mir wahrlich lieber gewesen, ich hätte ihn nie gesehen, ich hätte dann bei dem Schöpfer so seelenvoller Melodien nie an einen gewöhnlichen, gleichgültigen oder gar unartigen Menschen denken können. So aber, abgesehen von seinem heutigen Benehmen, unterscheidet sich der Mann ja gar nicht von jedem anderen Wiener, er spricht wienerisch, hat wie jeder Wiener feine Wäsche, einen sauberen Rock, einen blanken Hut, und in seinem Gesichte, seinem ganzen Wesen nichts, was meinem Schubert ähnlich sieht!‹«

Hoffmanns spontaner Unwille erinnert an ähnliche Erfahrungen anderer. So war Schubert einmal, ungefähr um die gleiche Zeit, im Penzinger Heim der Sophie von Kleyle zu Gast, bei der viele Schubertianer verkehrten. »Er war sehr liebenswürdig und gesprächig, entwischte uns aber plötzlich, ohne daß jemand etwas davon ahnte«, berichtet Sophie bekümmert.

Schubert war im Grunde seines Herzens scheu geblieben. Die Erfolge in gesellschaftlichem Rahmen, die ihm in den letzten Jahren häufiger zuteil wurden, ließen ihn nie vergessen, daß er der Schullehrersohn aus der Vorstadt war, in bescheidensten Verhältnissen aufgewachsen, und daß die kleinen Annehmlichkeiten des Lebens, die ihm durch Freunde oder Gönner bereitet wurden, weder seiner äußeren Situation noch seinem inneren Wesen entsprachen. Man kann das Wort, das er einmal Heinrich Anschütz gegenüber äußerte – es sei ihm, als gehöre er gar nicht in diese Welt –, getrost auch so verstehen, ganz realistisch, ganz konkret. Aber freilich – es steckt noch anderes, Irreales dahinter.

Schon öfter hatte Jenger Schubert zugeredet, doch einmal mit ihm nach Graz zu kommen. Dr. Pachler und seine Frau waren mit seinen Werken ebenso vertraut, wie mit denen Beethovens; sie hatten ihn schon wiederholt aufs herzlichste eingeladen. Endlich, im Juni 1827, sagte Schubert für September zu. Sein Dankschreiben an die ihm unbekannten Gastgeber klingt noch etwas gehemmt und steif:

»Euer Wohlgeboren! Gnädige Frau!

Obwohl ich nicht einsehe, wie ich ein solches freundliches Anerbieten ... irgend verdiene, noch, ob ich je etwas dagegen zu bieten im Stande sein werde, so kann ich doch nicht umhin, einer Einladung zuzusagen, wodurch ich nicht nur das vielgepriesene Grätz endlich zu sehen bekomme, sondern überdies Euer Gnaden persönliche Bekanntschaft zu machen die Ehre habe.«

Schubert und Jenger reisten mit dem Eilwagen am 2. September um halb zehn Uhr abends aus Wien ab und wurden am Montagabend in Graz erwartet. Natürlich waren Pachlers schon sehr gespannt auf Schubert; der siebenjährige kleine Faust »wollte vor Aufregung und Erwartung gar nicht zu Bette gehen, sondern die Ankunft der beiden Gäste abwarten. Er sollte sie aber erst am nächsten Morgen beim Frühstück begrüßen, wo sich Schubert im grünen Rock und weißen Beinkleidern einfand.« Die Familie Pachler bewohnte ein ansehnliches Haus in der Herrengasse 28; Dr. Pachler wurde als Advokat geschätzt und war wohlhabend.

Schon am 8. September wirkte Schubert in einem Wohltätigkeitskonzert des Steiermärkischen Musikvereins mit, der ihn seinerzeit zum auswärtigen Ehrenmitglied ernannt hatte. Der Verein hatte auf »die gefällige Mitwirkung eines Tonsetzers, dessen geistvolle Werke selbst das ferne Ausland kennt und bewundert«, geziemend hingewiesen und »doppelte Wachsbeleuchtung« angekündigt.

In Graz traf Schubert seinen alten Freund Anselm Hüttenbrenner wieder, der hier einen Familienbesitz verwaltete. Nirgends wird erwähnt, daß sie bei dieser Begegnung über die ›Unvollendete Sinfonie‹ sprachen, deren Partitur Hüttenbrenner doch seit fünf Jahren aufbewahrte! Er war auch an einem mehrtägigen Ausflug beteiligt, den die Familie Pachler mit ihren Wiener Gästen unternahm. Man fuhr in mehreren Wagen nach dem etwa 30 km entfernten Schloß Wildbach, einem Weingut, das eine Tante von Dr. Pachler bewirtschaftete. Die Fahrt durch die sanfte steirische Landschaft, der herzliche Empfang der Gastgeber, auch gemeinsames Musizieren, beglückten Schubert. Anna Massegg hatte sechs Töchter; die älteste sang mit viel Verständnis Schubertsche Lieder. Die anderen waren lustig und unbefangen, besonders übermütig die damals vierzehnjährige Fanny. Man trank den rötlichen Schilcherwein dieser Gegend, dem Schubert kräftig zusprach, es wurde im »blauen Zimmer«, schließlich noch bei Kerzenschein, hingebungsvoll musiziert. Zum Abschied gab der Komponist Fanny, der Jüngsten, einen Kuß. Im Oktober schrieb Anna Massegg an Frau Pachler: »Unvergeßlich ist uns der Tag, den Sie, mit den andern lieben

Begleitern bei uns zugebracht haben, u. ich dachte mir schon oft im Stillen, diesen Tag möchte ich mir noch einmal zurück rufen, u. daß er recht lange dauern sollte, denn so etwas werden wir wieder lange entbehren müssen, u. wir wissen gar nicht, wie uns diese Ehre zuteil geworden ist, diese liebe Gesellschaft in unserem Hause gehabt zu haben.«

Bei Pachlers wurde natürlich ebenfalls häufig musiziert, meist sang Schubert seine Lieder selber und begleitete sich dazu. Er fühlte sich bei diesen musikverständigen und freundlichen Menschen, in der behaglichen, fast ein wenig luxuriösen Atmosphäre ihres Hauses sehr wohl. Hier entstanden auch zwei neue Lieder, und zwar nach Texten, auf die ihn Marie Pachler aufmerksam gemacht hatte: ›Heimliches Lieben‹ und ›Altschottische Ballade‹. Schließlich verdanken auch die ›Grätzer Walzer‹ und der ›Grätzer Galopp‹ diesen Tagen ihre Entstehung. Besonders übermütig scheint es im »Hallerschlößl« zugegangen zu sein, das einem Freund der Pachlers, Dr. Franz Haring, gehörte. Es lag am Fuß des Rosenbergs, südöstlich von Graz, mit Blick auf die Stadt. Um Schubert besondere Freude zu bereiten, wurden bei seinem Besuch nur Kompositionen von ihm zu Gehör gebracht, bis er erklärte: »Hört's jetzt auf mit meinen Kompositionen, die hör ich in Wien genug; laßt's mir lieber etwas Steyrisches hören.« Eine junge Grazerin sang darauf steirische Volkslieder, von denen Schubert ganz entzückt war.

Ein scherzhafter Theaterzettel, der erhalten blieb, läßt vermuten, daß dort möglicherweise auch eine improvisierte Komödie stattgefunden hat, zum mindesten, daß man derartiges plante. Der Zettel heißt:

Der Fußfall im Hallerschlössel
oder
zwilchen's mi nit so!

Harengos – Dr. Franz Haring
Pachleros – Dr. Karl Pachler
Schwammerl – Franz Schubert
Schilcherl – Anselm Hüttenbrenner

Der Scherzname »Schwammerl« weist auf Schuberts kurze rundliche Figur hin; er ist später leider zur Charakterisierung seiner Persönlichkeit benutzt worden und sorgte für ein verzeichnetes Bild von ihm – nicht zuletzt durch das sentimentale ›Dreimäderlhaus‹, in dem Schubertsche Weisen nach Operettenmanier verarbeitet worden sind.

Daß er nicht wie ein Liebhaber aussah, den sich junge Mädchen erträumen, daß er keine gebieterische Figur Wagnerscher Prägung darstellte: wir wissen es von seinen Freunden und aus zahlreichen zeitgenössischen Bildnissen.

»Er war von kleiner Statur, ziemlich beleibt. Sehr schön gewölbt war seine Stirn«, sagte Anselm Hüttenbrenner. Eckel schrieb: »Den ziemlich großen, runden und derben Schädel umwallte ein braunes, üppig sprossendes Lockenhaar. Das Gesicht, in welchem Stirn und Kinn vorherrschend entwickelt waren, zeigte weniger eigentlich schöne als vielmehr ausdrucksvolle, derbe Züge. Das sanfte, lichtbraune, bei Erregung feurig leuchtende Auge war durch ziemlich vorspringende Augenbögen und buschige Brauen stark beschattet...« Schuberts erster Biograph, Kreissle von Hellborn, nannte das Gesicht »mohrenartig«. Spaun wehrte sich 1864 heftig dagegen, er sagte: »Er war wohlgebildet, und wenn er freundlich sprach oder lächelte, so waren seine Gesichtszüge voll Anmut, und wenn er voll Begeisterung glühend vor Eifer arbeitete, so erschienen seine Züge gehoben und nahezu schön.«

Nun, im landläufigen Sinne schön ist Schubert wohl nicht gewesen, auch nicht in Augenblicken schöpferischer Begeisterung. Doch die Intensität seines Empfindens, das leidenschaftliche Bemühen, den einzig richtigen musikalischen Ausdruck dafür zu entwickeln, wirkten auf Menschen seiner näheren Umgebung anziehend, ja, faszinierend, und genau das spiegelt sich in Spauns Worten wider. Hüttenbrenner rügte sein ungepflegtes Äußere und bedauerte, daß er seinen Anzug, seine Zähne vernachlässigt habe. Dagegen spricht Hoffmann von Fallersleben von seiner feinen Wäsche, dem sauberen Rock, durch die er sich von keinem Durchschnittswiener unterschieden habe. Man kann aus solchen einander widersprechenden Schilderungen nur die Erkenntnis gewinnen, daß Schubert sich in verschiedenen Zeiten, verschiedenen Situationen ganz verschieden präsentierte. Wenn schöpferische Versunkenheit sein innerstes Wesen beherrschte, war er gesellschaftlichen Gepflogenheiten entrückt.

Das werden die vertrautesten der Freunde verstanden und hingenommen haben. Zu Berichten, die Schubert Unmäßigkeit im Weintrinken vorwarfen, meinte Spaun:

»Ich habe durch viele Jahre täglich mit ihm im Gasthause soupiert und häufig in geselligen Kreisen ... ohne daß Schubert auch nur einmal des Guten zu viel getan hätte ... wenn man bedenkt, wie er täglich, vom frühen Morgen bis zu Mittag um zwei Uhr, mit dem glühendsten Eifer und bis zur Erschöpfung komponierte, so wird man es begreiflich finden, daß er nach weiten Spaziergängen, ermattet von der Hitze des Tages, ein Glas Wein oder Bier geliebt hat.«

Das ist ein faires Wort des besten und ältesten Freundes. Doch ist auch ein Schubert denkbar, der in übermütiger Laune oder auf der Flucht vor schweren Depressionen gelegentlich im Wein Entspannung oder eine vorübergehende Verschleierung seiner Lage suchte; seine musikalische Besessenheit bedurfte wahrlich keines irdischen Rausches.

Am 20. September 1827 traten die beiden Freunde ihre Rückreise von Graz nach Wien an. Schuberts Dankesbrief vom 27. September läßt erkennen, wie glücklich er sich in Graz gefühlt hatte und daß ihm dabei wieder einmal bewußt geworden war, wie sehr er in Wien die Geborgenheit eines eigenen Heims entbehrte: »Schon jetzt erfahre ich, daß ich mich in Grätz zu wohl befunden habe, und Wien will mir noch nicht recht in den Kopf, 's ist freilich ein wenig groß, dafür aber ist es leer an Herzlichkeit, Offenheit, wirklichen Gedanken, an vernünftigen Worten, und besonders an geistreichen Taten. Man weiß nicht recht, ist man gescheit oder dumm, so viel wird hier durcheinander geplaudert, und zu einer innigen Fröhlichkeit gelangt man selten oder nie. 's ist zwar möglich, daß ich selbst viel daran Schuld bin mit meiner langsamen Art zu erwarmen. In Grätz erkannte ich bald die ungekünstelte und offene Weise, mit und neben einander zu seyn, in die ich bei längerem Aufenthalt sicher noch mehr eingedrungen seyn würde. Besonders werde ich nie die freundliche Herberge mit ihrer lieben Hausfrau, dem kräftigen Pachleros und dem kleinen Faust vergessen, wo ich seit langer Zeit die vergnügtesten Tage verlebt habe.«

Im Oktober sandte er ihr ein erbetenes vierhändiges Klavierstück für den kleinen Faust. »Ich fürchte, seinen Beifall nicht zu erhalten, indem ich mich für dergleichen Kompositionen eben nicht sehr geschaffen fühle. Ich hoffe, daß sich Euer Gnaden besser befinden als ich, da mir meine gewöhnlichen Kopfschmerzen schon wieder zusetzen.«

Erneut senkte sich die Furcht vor der nie ganz erloschenen Krankheit über ihn. Eine Einladung bei Netti Hönig sagt er mit Worten ab, aus denen tiefe Bedrückung spricht:

Es fällt mir sehr schwer, Sie benachrichtigen zu müssen, daß ich heute Abends nicht das Vergnügen haben kann, in Ihrer Gesellschaft zu seyn. Ich bin krank, und zwar von *der* Art, daß ich für jede Gesellschaft gänzlich untauglich bin. Mit der nochmahligen Versicherung, daß es mir außerordentlich leid tut, Ihnen nicht zu Diensten seyn zu können

verbleibe ich
Ihr Ergebenster
Frz. Schubert

Moritz von Schwind war im August nach München gegangen. Er wollte die künstlerischen Möglichkeiten an der dortigen Akademie erkunden. Falls er dort jene Anregungen fand, die er in Wien so sehr vermißte, wollte er für einige Zeit übersiedeln. Wahrscheinlich sprach für seinen Entschluß auch das gestörte Verhältnis zu Netti Hönig mit, das Drängen ihrer Familie, er solle sich um einen Abschluß seiner Studien, vielleicht eine spätere Stellung bemühen.

Grillparzer, der an Schwinds Talent seit Jahren freundschaftlichen Anteil nahm, gab ihm einen Brief an Peter Cornelius, den Leiter der Münchener Akademie, mit:

Verehrter Herr und Freund!

Obschon ich nicht weiß, ob, während meines kurzen Aufenthaltes in München, ich mich selbst genug empfohlen habe, um irgend jemand andern empfehlen können zu dürfen, so kann ich mir doch nicht versagen, einem eben jetzt nach München abgehenden Freunde diese Zeilen mitzugeben, und ihn Ihrem Wohlwollen, vielleicht Ihrer Aufmerksamkeit zu empfehlen.

Ich bin zu sehr Laie, um zu wissen, wie weit er es in der Technik des Malens gebracht, aber eine geniale Auffassungsgabe, Herz und Geist eines Künstlers habe ich mit Teilnahme an ihm gefunden und genossen.

Erlauben Sie ihm in Ihre Nähe zu treten...

Mit der innigsten Verehrung
Grillparzer

Peter Cornelius nahm Schwind freundlich auf und zeigte viel Verständnis für seine Begabung; Moritz beschloß daher, im Herbst zur weiteren Ausbildung nach München überzusiedeln.

Von Schuberts neuem Zyklus wurde bereits am 10. Januar 1828 das erste der Lieder, ›Gute Nacht‹, bei einer »Abendunterhaltung« der »Musikalischen Gesellschaft« von dem Sänger Tietze vorgetragen, und am 14. Januar erschien bei Tobias Haslinger der 1. Teil der ›Winterreise‹. Die Beurteilung der Öffentlichkeit war, wie so häufig bei Schubert, außerordentlich verschieden. Die ›Wiener Theaterzeitung‹ schreibt: »Schuberts Geist hat überall einen kühnen Schwung, indem er alle mit sich fortreißt, die sich ihm nahen, und der sie durch die unermeßlichen Tiefen des Menschenherzens in weite Fernen trägt, wo ihnen die Ahndung des Unendlichen ... sehnsüchtig aufgeht... Hierin liegt das Wesen der Romantik deutscher Art und Kunst, und in diesem Sinne ist Schubert ein durchaus deutscher Komponist, der unserm Vaterlande und unserer Zeit Ehre macht.« In der ›Berliner Allgemeinen Musikalischen Zeitung‹ heißt es: »Schubert hat Talent, zeigt Originalität bisweilen, und würde noch besseres zeigen, wäre nicht die fatale op. 89 –« womit der Rezensent die ›Winterreise‹ meint!

Die ›Dresdener Abendzeitung‹ bedauert, daß die Tondichtung sich gegenwärtig »ins Kleine« zöge, und fährt dann fort: »Eine ehrenvolle Ausnahme macht der geniale Schubert mit seinen Liedern. Diese haben sich Bahn gebrochen durch den Wust, und der Name dieses charakteristischen Tonsetzers erklingt bereits ehrenvoll in jedem Mund.«

Zwei Vorbehalte der Fachleute erschwerten Schuberts Anerkennung in der Öffentlichkeit. Zum ersten: seine vielfältige Formgebung in der Liedgestaltung. Die Berliner Liederschule – Schulz, Reichardt, Zelter – hatte das schlichte Strophenlied mit Klavierbegleitung entwickelt und ihm breiteste Anerkennung verschafft; jahrzehntelang galten alle von diesem Modell abweichenden Formen nicht als »eigentliches«, als »richtiges« Lied. Selbst in einer sehr verständnisvollen Leipziger Kritik steht der Satz: »Herr Fr. S. schreibt keine eigentlichen Lieder und will keine schreiben ... sondern freie Gesänge, manche so frei, daß man sie allenfalls Kapricen oder Phantasien nennen kann.« In einer Berliner Besprechung des ›Erlkönigs‹ heißt es sogar, daß dieser nicht an die Vertonungen von Reichardt und Zelter »heranreiche«! Die Kühnheit seines Ausdrucks, die feinen Differenzierungen der Begleitung, die oft fast unmerklichen Veränderungen der Gesangslinie erschlossen neue Erlebnissphären. Es waren geniale Abweichungen von der simplen Norm. Unbefangene Laien empfanden das eher als starr an alten Regeln orientierte Fachleute.

Der zweite Vorwurf, vor allem Schuberts Instrumentalwerken gegenüber, war: Er sei ein »natürlicher« Komponist, es fehle ihm an Wissenschaft, an Kenntnis vor allem des Kontrapunktes. Diese Behauptung war so stereotyp, so überzeugt, auch bei Kennern, daß manche seiner Kammermusikwerke kaum Beachtung fanden. Selbst ein erfahrener Quartettspieler, wie Ignaz Schuppanzigh, hatte das geniale ›d-Moll-Quartett‹, ›Der Tod und das Mädchen‹, als unspielbar abgelehnt. Schuberts bedeutendste Sinfonien, die ›Unvollendete‹ und ›die große C-Dur‹, kamen erst lange nach seinem Tode zur Aufführung. Schubert hatte die ›C-Dur-Sinfonie‹ bald nach ihrer Vollendung der »Gesellschaft der Musikfreunde« zur Aufführung angeboten. Sie wurde offenbar in einer internen Probe auch angespielt, danach aber, als zu schwer und zu lang, dem Komponisten zurückgegeben. Gerechterweise muß man dazu sagen, daß die Ausführenden fast ausschließlich Musikliebhaber waren und daß sich noch 1836 Wiener Orchester weigerten, das Werk zu spielen. Schubert nahm die Noten wieder in Empfang und stellte der Gesellschaft nun seine kleine ›C-Dur-Sinfonie, Nr. 6‹, zur Verfügung. Sie wurde auch aufgeführt – nach seinem Tod.

1824 hatte Schubert an Kupelwieser geschrieben, daß er sich mit verschiedenen Kammermusikwerken »den Weg zur großen Sinfonie bahnen wolle«. Nun lag dieses große Werk vor, und Schubert wußte, daß es gelungen war. Doch nicht einmal die Experten der Gesellschaft, die ihn als Komponisten anerkannten, wollten eine Aufführung wagen! Diese Ablehnung muß ihn tief getroffen haben. Denn die ›Große C-Dur-Sinfonie‹ bringt die Erfüllung alles dessen, was Schubert in der inneren Auseinandersetzung mit der sinfonischen Form seit Jahren zu erreichen gesucht hatte. Und dieses Ringen um die bedeutendste Ausprägung absoluter Musik vollzog sich während und neben der Komposition seiner reifsten Werke: der drei großen Quartette, der Klaviertrios, der ›Winterreise‹ und verschiedener Klavierkompositionen. Es ist unvorstellbar, wie Schubert diese Fülle von Einfällen überhaupt nebeneinander konzipieren, gestalten und zur Vollendung bringen konnte. Die ›Große C-Dur-Sinfonie‹ atmet vom ersten Ton an Schubertische Wärme, Schönheit und Anmut. Aber sie enthält weit mehr als diese. Sie spannt vom Hornthema der Einleitung bis zum dahinstürmenden Finale einen Riesenbogen; ihre dramatischen Höhepunkte, das sanft klagende Andante, der tänzerische Schwung des Scherzo und auch die polyphonen Partien zeigen Schuberts nun ganz ausgereifte Eigenart. Er fand die Kraft zu einer Formgebung von klassischer Gültigkeit und vermochte in dieser Form Inhalte zu vermitteln, die durchaus romantisch sind. Zuweilen weisen sie in eine noch viel entferntere Zukunft; nicht nur Richard Wagner, auch Bruckner und Gustav Mahler scheinen vorausgeahnt.

Robert Schumann entdeckte das Werk, als er zu Neujahr 1839

Schuberts Bruder Ferdinand in Wien aufsuchte. Er machte ihm die vielen noch unbekannten Manuskripte von Franz zugänglich. Schumann war überwältigt von Zahl und Qualität; die Bedeutung der ›C-Dur-Sinfonie‹ erkannte er sofort. Seiner Initiative ist es zu danken, daß eine Kopie angefertigt und Felix von Mendelssohn nach Leipzig gesandt wurde, der das Werk bereits im März 1839 in den Gewandhauskonzerten zur Uraufführung brachte – allerdings in einer gekürzten Fassung.

Als Schubert noch lebte und keiner der Freunde die beiden großen Sinfonien kannte, auch noch Jahre nach seinem Tod, teilten viele von ihnen das Urteil mancher Fachleute. Leopold von Sonnleithner, dieser echte Musikkenner, stellte lange nach Schuberts Tod fest, daß er sein Genie »in der kleinen Liedform zersplittert habe« und es deshalb nicht zur Vollendung in großen Formen brachte. Sonnleithner sagte auch: »Er hatte keinen Freund, der als Meister über ihm stand, der ihn bei solchen Arbeiten ratend, abmahnend, verbessernd hätte leiten können ... ein vollendeter Komponist als Lehrer und musikalischer Ratgeber und ein väterlicher Freund zur Regelung der Lebensweise, das war es, was Schubert fehlte.«

Dieses Urteil, 1858 niedergeschrieben, ist erschütternd. So war denn Schubert in seinen Augen kein »vollendeter Komponist«, hätte, wie ein Anfänger, noch musikalischer Ratgeber bedurft? Und welcher wohl? Was hätten denn sattelfeste Theoretiker zu Schuberts Vorwärtsdrängen auf bisher unbeschrittenen Pfaden gesagt? Er betrat geistige Räume, die erst eine entfernte Zukunft erschließen sollte. Die ›Heine-Lieder‹, das ›Streichquintett‹, die ›Große C-Dur-Sinfonie‹ waren den Verfechtern jener Schulregeln, die gewöhnlich erst Jahrzehnte später einem Geniestreich folgen, damals gar nicht zugänglich. Schubert mußte, wie es im ersten Lied der ›Winterreise‹ heißt, »sich selbst den Weg weisen«.

So verwunderte es nicht, was Josef Hüttenbrenner von den Herren der k. k. Hofkapelle erzählt: Sie hätten gesagt, Beethoven und Schubert seien »Naturalisten«, sie könnten keine Fuge schreiben! Und der Leipziger Musikschriftsteller Rochlitz gibt in einem Brief an Schuberts warmherzigen Förderer Ignaz von Mosel zwar zu, daß ihm einige neuere Kompositionen von diesem »sehr interessant und wert« geworden seien, meint aber dann recht überheblich: »Vielleicht bedürfte dieser talentvolle Künstler nur eines wissenschaftlich gebildeten Freundes, der ihn mit Liebe über sich selbst aufklärte: über das, was er ist, was er hat, was er will, woraus er dann hoffentlich von selbst fände, was er soll.«

Das ungeheuerliche Mißverstehen, das aus diesen Zeilen spricht, zeigt, wie einsam Schubert seinen Weg gehen mußte: denn das, was er war, besaß und wollte, war ihm im tiefsten Innern bewußt, er vermochte es eindringlich genug in seinen Werken auszudrücken. Viel besser verstand ihn da ein sensibler Dilettant wie Schober. Das mag auch der Grund sein, weshalb Schubert den Leichtfuß, den unseriös Gescholtenen, persönlich so sehr geschätzt hat. Im selben Jahr wie Sonnleithner schrieb Joseph von Spaun über das musikalische Wirken des Freundes, doch klang es ganz anders:

»Er fand in Wien nicht die Anerkennung, die er verdiente. Der große Haufe blieb teilnahmslos ... Der Zuhörer muß auch Sinn für das Gedicht haben und mit ihm vereint das schöne Lied genießen ... Es ist ein Vorurteil, daß Schubert nur für das Lied geschaffen gewesen. Seine Klavierstücke sind wunderbar. Sein herrliches ›d-Moll-Quartett‹, seine großartige ›Sinfonie in C‹ fielen in Wien durch ... Wenn ihm die Verleger sagten, die Leute finden das Akkompagnement seiner Lieder zu schwer und die Tonarten oft so schwierig, er möchte doch im eigenen Interesse darauf Rücksicht nehmen, erwiderte er immer, er könne nicht anders schreiben, und wer seine Kompositionen nicht spielen könne, solle es bleibenlassen, und wem die Tonart nicht gleichgültig sei, der sei ohnehin gar nicht musikalisch.«

Ignaz von Seyfried, ein Komponist und Dirigent der älteren Generation, der die Wiener Musikszene genau kannte, fügte noch einen anderen Aspekt hinzu. »Vor allem aber vergessen wir nicht, daß ungeachtet seines milden und sanften Charakters, er dennoch für eine Menge Künstler ein Gegenstand großen Neides war. Einer beneidete seine Fülle von Melodie, ein anderer seinen Ausdruck, ein Dritter seine neuen harmonischen Kombinationen: alle gestanden ihm nur eine gewisse Gewandtheit zu.«

Schuberts Leistung, als Ganzes betrachtet, lag damals und noch lange wie hinter einer Nebelwand. In der zweiten Hälfte des 19. Jahrhunderts hat sie sich gelichtet; doch zu wirklicher Klarheit über seine Genialität, seine Bedeutung im Zuge der musikgeschichtlichen Entwicklung ist es eigentlich erst im 20. Jahrhundert gekommen.

Das Konzert

Die Silvesternacht 1827/28 hatten die Schubertianer, wie schon häufig, bei Franz von Schober gefeiert. Seit März 1827 wohnte Schubert mit einigen Unterbrechungen wieder bei ihm. Das Haus »Zum blauen Igel« lag in unmittelbarer Nähe des »Roten Igels«, in dem sich die Räume der »Gesellschaft der Musikfreunde« befanden. Schubert standen zwei Zimmer und eine Musikkammer zur Verfügung, ein Komfort, den er kaum je gekannt hat. Bauernfeld hatte für den Jahreswechsel ein langes Gedicht geschrieben, etwas redselig, aber schwungvoll, und als die Runde sich mit Malaga ein glückliches neues Jahr wünschte, las er das Opus vor. Es kommt darin ein Vers vor, der prophetisch vorausnimmt, was im November dieses Jahres geschehen und den Kreis der Freunde tief erschüttern sollte.

Der Zauber der Rede, der Quell der Gesänge,
Auch er vertrocknet, so göttlich er ist:
Nicht rauschen die Lieder, wie sonst, im Gedränge,
Denn auch dem Sänger ward seine Frist –
Die Quelle eilet zum Meere wieder,
Der Liedersänger zum Quell der Lieder.

Die Silvesternacht scheint, nach den Tagebuchaufzeichnungen der Hartmanns, fröhlich verlaufen zu sein; musiziert wurde nicht.

Spaun, der treueste der Freunde, dessen zuverlässiger Charakter aus allen erhaltenen Bildern zu uns spricht, hatte sich damals verlobt.

Mit der »sehr lieben, gebildeten, hübschen Frl. Roner«, wie der junge Hartmann bemerkte. Spaun war schon über vierzig, Fanny dreißig Jahre alt; sie wollten bald heiraten. Schubert sagte zu ihm: »Ich bin zwar traurig darüber, daß Du uns verloren gehen wirst, aber Du hast recht und hast wohl gewählt, und obwohl ich auf Deine Braut eigentlich böse sein sollte, möchte ich Dir doch eine Freude machen. Lade sie ein, ich bringe Bocklet, Schuppanzigh und Linke mit, wir wollen auch etwas musizieren.«

»Bocklet«, so berichtet Spaun, »spielte ein Trio mit Schuppanzigh und Linke und sodann mit Schubert vierhändig Variationen über ein eigenes Thema, letztere mit solchem Feuer, daß alles entzückt war und Bocklet seinen Freund jubelnd umarmte. Wir blieben bis Mitternacht fröhlich beisammen. Es war der letzte solche Abend.« Spaun meint damit: die letzte »Schubertiade« in seiner Junggesellenwohnung. Ob an diesem Abend das ›Es-Dur-Trio op. 100‹ oder das um 1½ Jahre früher entstandene ›B-Dur-Trio‹ gespielt wurde, erfahren wir nicht. In diesem op. 99 wird das Prinzip der »singenden Stimmen« im Klaviersatz besonders eindringlich gewahrt: so wenn einmal im 1. Satz die melodische Linie in der rechten Klavierhand liegt, Geige und Cello nur Begleitfiguren und pizzicati beisteuern. Hier, wie auch im ›Es-Dur-Trio‹ und im ›Forellenquintett‹ geht Schubert bei der Verteilung der Stimmen zwischen Streichern und Klavier ganz eigene Wege. Nie überwiegt virtuoses Rankenwerk, die Spannungen und Höhepunkte der Melodie werden durch überraschende Harmoniewechsel verschärft oder gelöst und ständig in neue Beleuchtungen gerückt. In allen drei Werken gibt es Augenblicke musikalischer Zauberei.

Schubert hatte den Winter bisher in schlechtem gesundheitlichem Zustand verbracht. Ständig quälten ihn Kopfweh und Übelkeit, er fühlte sich elend, und seine Einnahmen stagnierten wieder einmal. Der Wiener Musikmarkt schien gesättigt: im Jahre 1827 waren noch einundzwanzig Werke von ihm erschienen, im folgenden Jahr wurden es nur zehn. Die auswärtigen Verleger, soweit sie überhaupt etwas von Schuberts Bedeutung ahnten, zögerten mit Veröffentlichungen und verhielten sich finanziell wenig entgegenkommend.

Probst in Leipzig, mit dem Schubert lange korrespondiert und dem er einige seiner schönsten Werke angeboten hatte, brachte schließlich das ›Es-Dur-Trio op. 100‹ heraus. Er entschuldigte sich für den immer wieder herausgeschobenen Erscheinungstermin mit Arbeitsüberlastung, da er »das gesamte Œuvre von Kalkbrenner« herausbringen müsse. Wer weiß heute noch etwas von dessen Gesamtwerk?

Als Probst bei Schubert anfragte, wem sein Trio gewidmet werden solle, antwortete er: »Dediciert wird dieses Werk Niemandem, außer jenen, die Gefallen daran finden. Dies die einträglichste Dedication.«

Unerfreulich entwickelte sich die Beziehung zu Schott in Mainz. Schubert hatte dem Verlag nach umständlichem Briefwechsel auf dessen Wunsch vier seiner Impromptus und ein Gesangsquartett geschickt. Nach langer Wartezeit schrieb ihm Bernhard Schott, er habe die Impromptus nach Paris gesandt und mit dem Bedeuten zurückerhalten, daß sie als Kleinigkeiten zu schwer seien und in Frankreich keinen Eingang finden würden. »... Wenn Sie gelegentlich etwas minder Schweres und doch Brillantes, auch in einer leichteren Tonart komponieren, dieses belieben Sie uns ohne weiteres zuzusenden.«

Schott erwarb schließlich das Gesangsquartett, zahlte aber statt der 60 Gulden, die Schubert vorgeschlagen hatte, nur die Hälfte.

Doch all diese Kränkungen und Enttäuschungen vermochten seine schöpferische Intensität nicht zu untergraben. Es ist, als hätte er nun, nach der gesundheitlichen Krise, den daraus resultierenden Depressionen und der tiefen Erschütterung durch die Beschäftigung mit der ›Winterreise‹, zu neuem Aufschwung gefunden. Im Januar beendete er seine ›f-Moll-Fantasie zu vier Händen‹, Karoline Esterhazy gewidmet, im Juni seine letzte ›Messe in Es Dur‹. Andere Werke folgten im Herbst. Doch zunächst trat Schubert zum ersten und einzigen Mal als Konzertveranstalter vor die Wiener Öffentlichkeit. Bei einem Gespräch mit Bauernfeld, dessen Lustspiel ›Der Brautwerber‹ vom »Burgtheater« angenommen worden war, hatte Schubert, noch in der Periode der Niedergeschlagenheit, gesagt:

FANTAISIE
pour le
Piano-Forte à quatre mains
composé et dedié
à Mademoiselle la Comtesse
Caroline Esterházy de Galantha
par
FRANÇOIS SCHUBERT.
Oeuvre 103.
Nº 3158 Proprieté des Editeurs. Pr. f 1.45 x C. M.
VIENNE,
chez Ant. Diabelli et Comp. Graben Nº 1133.

Titelseite der Karoline von Esterhazy gewidmeten ›Fantasie in f-Moll‹

»Mit Dir gehts aufwärts! Ich sehe Dich schon als Hofrat und berühmten Lustspieldichter! Aber ich! Was wird aus mir armen Musikanten? Ich werde wohl im Alter wie Goethes Harfner an die Türen schleichen und um Brot betteln müssen!«

Bauernfeld schalt ihn aus. »Du bist zwar ein Genie, aber auch ein Narr. Du zweifelst an Dir? Bist Du gescheit! Wer Dein Talent hat, so dasteht, wie Du, dem ist die Hauptsache zu Teil geworden, alle Nebendinge finden sich ... Willst Du meinen Rat? Dein Name klingt in aller Munde ... Du hast auch die prächtigsten Streichquartette und Lieder komponiert – der Sinfonien nicht zu gedenken! Deine Freunde sind davon entzückt, aber kein Kunsthändler will sie vorderhand kaufen, und das Publikum hat noch keine Ahnung von der Schönheit und Grazie, die in diesen Werken schlummern. So nimm Dir einen Anlauf, bezwinge Deine Trägheit und gibt im nächsten Winter ein Konzert!«

Diesen Rat befolgte Schubert im Frühjahr 1828. »Die Gesellschaft der Musikfreunde« stellte ihm ihren Saal kostenlos zur Verfügung, und am 26. März 1828, genau ein Jahr nach Beethovens Tod, fand der einzige Kompositionsabend statt, den Franz Schubert jemals veranstaltet hat. Neben neuen Werken – dem 1. Satz aus dem ›G-Dur-Quartett‹, dem ›Klaviertrio op. 100‹ und einigen Liedern – erklang auch das Grillparzersche ›Ständchen‹, das wieder Anna Fröhlich mit Schülerinnen des Konservatoriums vortrug. Johann Michael Vogl, die Quartettspieler Böhm, Holz, Weiß und Linke und der Pianist Karl Maria von Bocklet sowie ein Männerchor wirkten mit. Der Erfolg des Abends muß überwältigend gewesen sein. »Ungeheurer Beifall, gute Einnahmen«, notierte Bauernfeld im Tagebuch und erzählte später: »Der Saal war vollgestopft, jedes einzelne Stück wurde mit Beifall überschüttet, der Tondichter unzählige Male hervorgerufen. Das Konzert warf einen Reinertrag von beinah 800 Gulden ab, was damals für eine Summe galt. Die Hauptsache aber: Schubert hatte sein Publikum gefunden und war mit dem frischesten Mut erfüllt.«

Eines verschweigt Bauernfeld jedoch: die Wiener Presse überging das Konzert vollständig! Ein Korrespondent der ›Berliner Musikzeitung‹ vermerkte ironisch: »Die zahlreich versammelten Freunde und Protektoren ließen es an rauschendem Beifall nicht fehlen.« Über die aufgeführte Musik verlautete nichts. Das Konzert mit den herrlichen, von hervorragenden Interpreten wiedergegebenen Werken ging von der Öffentlichkeit fast unbeachtet vorüber. In einem Bericht über Wiener Musikereignisse, der in der ›Dresdener Abendzeitung‹ erschien, steht der Satz, der alles erklärt: »Es ist nur eine Stimme in unsern Mauern und diese schreit: hört Paganini!« Tatsächlich war dieser die Sensation der Stadt.

Trotz der Enttäuschung über die geringe Breitenwirkung seines Konzertes freute sich Schubert doch über die Zustimmung der Musikkenner und über die 800 Gulden, die er notwendig brauchen konnte. Seine wienerische Lebensfreude kam noch einmal zu übermütiger Auswirkung. Unter anderm erwarb er zwei teure Eintrittskarten für ein Paganini-Konzert, das ihn brennend interessierte, und lud Bauernfeld dazu ein. Die Karten im Parterre kosteten 5 Gulden W. W., auf der Nobelgalerie sogar das doppelte! In seinen 14 Wiener Abenden hat Paganini damals 30000 Gulden K. M. eingenommen. Dieser sensationelle Erfolg war so stadtbekannt, daß die Fiakerkutscher damals die 5-Gulden-Scheine als »Paganinerl« bezeichneten.

Auch Schubert war hingerissen von den genialen Einfällen dieses geigerischen Hexenmeisters und von seinem wundervollen Legatospiel. »Ich habe im Adagio einen Engel singen gehört«, schrieb er an einen Freund.

Ein paar Wochen hindurch genoß er es, sorglos leben zu können, zweispännig in den Prater zu fahren und seine Freunde zu traktieren. Es schien, als sei er berühmt geworden, endlich, mit 31 Jahren! Doch dieses bescheidene Glück hielt nicht lange an. Gegen den Sommer zu wurden seine Mittel schon wieder knapp, und den herzlichen Einladungen der Freunde in Graz und Gmunden konnte er deshalb nicht Folge leisten.

Im März hatte sich Moritz von Schwind zu einer offiziellen Verlobung mit Netti Hönig entschlossen. Bauernfeld erzählt: »Die Sippschaft des Mädchens wurde nun zusammengetrommelt, ein kleines Heer von Tanten und Basen, Onkeln und Cousinen, alten Hofräten und dergleichen – kurz, eine Kaffee- und Whist-, nebenbei Braut-Gesellschaft. Freund Moritz wollte erst gar nicht dabei erscheinen, oder im Malerrock, da ihm der schwarze Frack fehlte, mit welchem ihm zuletzt einer der Freunde aushalf. Dann dachte er daran, gleich in der ersten Viertelstunde wieder auszureißen – die Braut hatte alle Not, ihn bis 10 Uhr festzuhalten.

Ich hatte den glücklichen Bräutigam mit Schubert im Kaffeehaus erwartet. Er trat ganz verstört ein, schilderte uns die philisterhafte Gesellschaft mit einer Art verzweifelten Humors. Schubert kam aus seinem gemütlichen Kichern nicht heraus. Schwind stürzte ein Glas Punsch nach dem andern hinunter, versicherte uns dabei, er fühle sich total vernichtet und hätte nicht übel Lust, sich auf der Stelle zu erschießen.«

Das hat er zum Glück nicht getan. Aber er erkannte damals instinktiv, daß es für ihn verfrüht war, sich zu binden; gleichzeitig

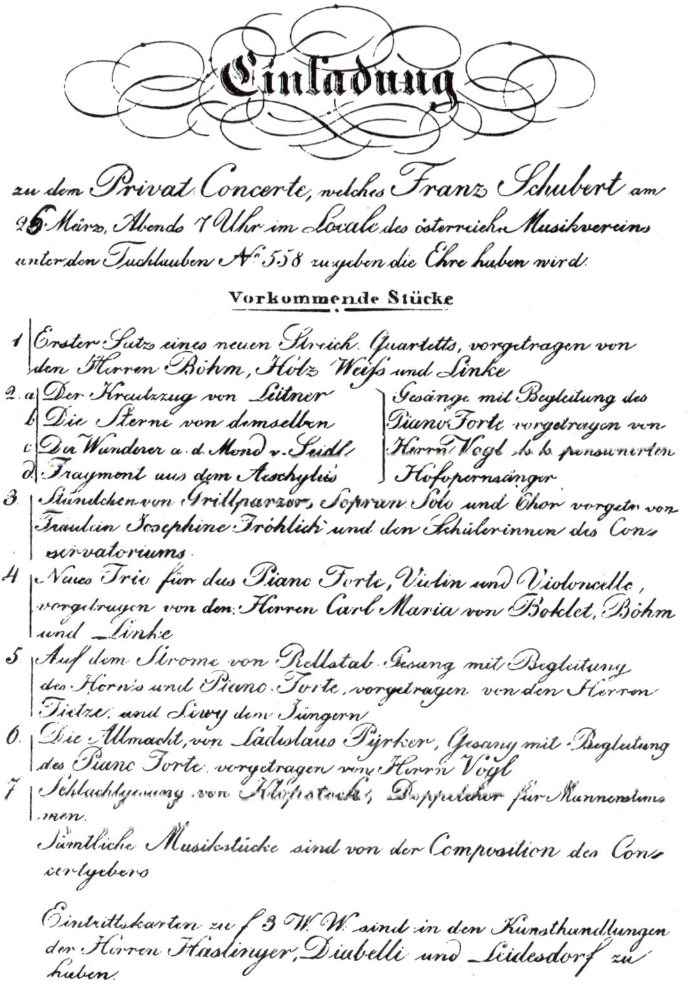

Einladung

zu dem Privat-Concerte, welches Franz Schubert am 26. März, Abends 7 Uhr im Locale des österreich. Musikvereins unter den Tuchlauben No 558 zu geben die Ehre haben wird.

Vorkommende Stücke

1 | Erster Satz eines neuen Streich-Quartetts, vorgetragen von den Herren Böhm, Holz, Weiss und Linke

2. a | Der Kreutzzug von Leitner
b | Die Sterne von demselben
c | Der Wanderer a. d. Mond v. Seidl
d | Fragment aus dem Aeschylus

Gesänge mit Begleitung des Piano Forte vorgetragen von Herrn Vogl k. k. pensionirten Hofopernsänger

3. | Ständchen von Grillparzer, Sopran-Solo und Chor vorgetr. von Fräulein Josephine Fröhlich und den Schülerinnen des Conservatoriums.

4 | Neues Trio für das Piano Forte, Violin und Violoncelle, vorgetragen von den Herren Carl Maria von Boklet, Böhm und Linke

5 | Auf dem Strome von Rellstab. Gesang mit Begleitung des Horn's und Piano-Forte, vorgetragen von den Herren Tietze und Lewy dem Jüngern

6. | Die Allmacht, von Ladislaus Pyrker, Gesang mit Begleitung des Piano Forte, vorgetragen von Herrn Vogl

7 | Schlachtgesang von Klopstock, Doppelchor für Männerstimmen.

Sämtliche Musikstücke sind von der Composition des Concertgebers

Eintrittskarten zu f 3 W. W. sind in den Kunsthandlungen der Herren Haslinger, Diabelli und Leidesdorf zu haben.

Einladung und Programm zu Schuberts einzigem Konzert am 26. März 1828 quälte ihn die Unklarheit seiner Beziehung zu Netti, die er aufrichtig liebte. Aus München schrieb er an Schober:

»Wenn ich jede traurige Stunde, die der gute Engel um meinetwillen zu ertragen hat, mit jahrelangem Leiden abdienen könnte, so wollte ich es mit Freuden tun. So aber wird sie sterben, das weiß ich...«

Nun – Netti Hönig ist an dieser Enttäuschung nicht zugrunde gegangen. Sie heiratete 1832 einen Offizier, der es zum Feldmarschall-Leutnant brachte; er paßte bestimmt besser zu ihr als der bald stürmische, bald romantisch-versponnene Schwind.

Schubert hatte der Erfolg seines Konzertes neu belebt. Die tiefe Niedergeschlagenheit der winterlichen Monate schien gewichen. Er beendete die ›Große Sinfonie in C‹ und schuf die letzten jener ›kleinen Klavierstücke‹, die im Laufe der Zeit Lieblinge der klavierspielenden Laien geworden sind. Und nicht nur dieser; vielleicht ist erst der heutigen Musikergeneration bewußt, wie weit Schubert in manchen von ihnen romantische Ausdrucksformen erschlossen und eine Entwicklung angebahnt hat, die später in Klavierstücken von Chopin, Schumann und Brahms ihre volle Ausprägung fand.

Auch der Geselligkeit wandte sich Schubert nun wieder stärker zu. An den literarischen Abenden, die Schober veranstaltete, nahm er gerne teil. Neben Dichtungen von Tieck, Kleist, Goethe und antiken Klassikern trug Schober auch aus Heines ›Reisebildern‹ vor. Es ist anzunehmen, daß Schubert dadurch die Anregung erhielt, jene Gedichte von Heine zu vertonen, die ihn im August 1828 so intensiv beschäftigt haben. Es ist, als setze er mit ihrer Gestaltung eine Linie fort, die er schon bei einigen Gesängen der ›Winterreise‹ eingeschlagen hatte: ›Der greise Kopf‹, ›Die Krähe‹, ›Der Leiermann‹. Bei Heines Gedichten verfährt er noch unerbittlicher, konzessionsloser. Lieder wie ›Ihr Bild‹, ›Die Stadt‹, ›Der Doppelgänger‹ vermitteln den erschütternden Eindruck tödlicher Verlassenheit. Sie wirken in ihrer klanglichen Kargheit auf uns vollkommen »modern«, aber sie sind mehr als das, sie sind zeitlos. Versöhnlicher, fast ist man versucht zu sagen: normaler, klingen Schuberts Vertonungen nach acht Rellstab-Gedichten, die ebenfalls im August 1828 entstanden. Als letztes

Paganini, spielend, Holzschnitt nach Begas

Sololied mit Klavierbegleitung komponierte er ›Die Taubenpost‹ von I. G. Seidl, einen sehnsüchtig-beschwingten Gesang voll verhaltener Zärtlichkeit. Diese 14 Gesänge brachte Tobias Haslinger ein Jahr nach Schuberts Tod heraus; er gab ihnen den Titel ›Schwanengesang‹ mit auf den Weg – womit er gar nicht so unrecht hatte. Ein Zyklus jedoch, wie ›Die schöne Müllerin‹ oder die ›Winterreise‹, sind diese 14 Lieder nicht.

Im Juli war Schubert bei der Fürstin Kinsky eingeladen – das einzige fürstliche Haus, in dem er je zu Gast war. Baron Schönstein sang seine Lieder, er selber begleitete. Er bekam von der Hausfrau nachträglich einen herzlichen schriftlichen Dank, nicht nur für seine Mitwirkung, auch für zwei Lieder, die er ihr gewidmet hatte. Dem Brief war außerdem eine Geldgabe »als schwacher Beweis meiner Erkenntlichkeit« beigefügt. Man versteht diese Geste besser, wenn man Josef von Spauns Bericht über den Abend kennt:

»Als er mit Baron Schönstein einst in ein fürstliches Haus geladen war, um einem sehr hohen Kreis seine Lieder vorzutragen, umringte der entzückte Kreis den Baron Schönstein mit der feurigsten Anerkennung ... Als aber niemand Miene machte, den am Klavier sitzenden Kompositeur auch nur eines Blickes oder eines Wortes zu würdigen, suchte die edle Hausfrau, Fürstin Kinsky, diese Vernachlässigung gutzumachen, und begrüßte Schubert mit den größten Lobeserhebungen, dabei andeutend, er möge übersehen, daß die Zuhörer, ganz hingerissen durch den Sänger, nur diesem huldigten. Schubert erwiderte, er danke sehr der Frau Fürstin, allein sie möge sich gar keine Mühe mit ihm geben, er sei es ganz gewohnt, übersehen zu werden, ja es sei ihm dieses sogar recht lieb, da er sich dadurch weniger geniert fühlte.«

Unwillkürlich erinnert man sich bei dieser Schilderung wieder des Wortes, das er einmal zu Heinrich Anschütz gesagt hat: »Mir ist, als gehörte ich gar nicht in diese Welt.« Er hatte recht. Der Welt konventioneller Höflichkeiten, gesellschaftlicher Begeisterung und zeitraubender Konversation war er längst entwachsen.

In einer zeitlosen Welt

Vergleicht man Schuberts letzte Lebenszeit mit der Beethovens, so spürt man in ihr etwas eigentümlich Schwereloses, dem realen Dasein Abgewandtes – fast ist man versucht zu sagen: etwas Heiteres. Seine schöpferischen Impulse scheinen ihn über alle Enttäuschungen und Kränkungen des Alltags hinweggetragen zu haben. Auch stand er außerhalb der quälenden Probleme, denen der schwerkranke Beethoven sich bis zum letzten Atemzug konfrontiert sah: Schubert lebte in der Welt seiner Werke – einer zeitlosen Welt.

Einige wenige Daten markieren seinen äußeren Weg. Am 29. Mai sangen Anna Fröhlichs Schülerinnen noch einmal seinen ›23. Psalm‹, diesmal im »Kärntnertor-Theater«. Es war die letzte öffentliche Aufführung eines eigenen Werkes, der er beiwohnen konnte. Die jungen Sängerinnen »suchten die tiefe Empfindung, welche der Komponist in diesen Psalm legte, in die Aufführung zu übertragen. Wie sehr ihnen dies gelang, bewies die allgemein verlangte Wiederholung«, heißt es im ›Sammler‹. Im Juni unternahm Schubert mit Johann Schickh und Franz Lachner einen Ausflug nach Baden. Es kam zu einem improvisierten Orgelwettbewerb zwischen ihm und Lachner. Jeder von ihnen komponierte eine ›vierhändige Orgelfuge‹. Sie probierten die Stücke auf der Orgel des Zisterzienser-Stiftes Heiligenkreuz; so entstand Schuberts einziges Werk für Orgel. Im Juni und Juli arbeitete Schubert fleißig an einer neuen Messe, wie Jenger nach Graz berichtete. Es ist die ›Messe in Es-Dur‹, die letzte, die er geschrieben hat – ohne Orgel. Ehrerbietig folgt er dem in Jahrhunderten gewachsenen lateinischen Text. Seinem innersten Wesen nach näherte er sich dem großen Thema jedoch unter anderen Voraussetzungen als Bach oder Beethoven. Schubert war dem orthodoxen Glauben seiner Kinderjahre im Laufe der Zeit entwachsen. Sein Gott lebte und wirkte in der Natur, sein Gedanke an den Tod war nicht von Angst vor der letzten Stunde, vor dem Jüngsten Gericht gezeichnet. »Bin Freund und komme nicht zu strafen«, läßt er ihn in seinem Lied ›Der Tod und das Mädchen‹ mit unendlichem Erbarmen singen. Schuberts Frömmigkeit trug sehr menschliche Züge.

Die ›Es-Dur-Messe‹ wurde am 4. Oktober in der »Alserkirche«, und wie es hieß, noch auf Schuberts Wunsch, zum ersten Mal aufgeführt: doch erst 1829, im Jahr nach seinem Tod. Der Chorregent war, wie Schubert, einst Schüler von Michael Holzer gewesen. Die musikalische Kindheit des kleinen Franz lebte in dieser postumen Ehrung noch einmal auf.

Daß er von dem Leipziger Verleger Probst, der das ›Es-Dur-Trio‹ herausbringen wollte, lange Zeit nichts hörte, kränkte Schubert sehr.

Er schrieb schließlich einen drängenden Brief an ihn, offenbar in der Hoffnung, Probst könne noch weitere seiner neuen Werke verlegen.

»Ich habe unter andern 3 Sonaten fürs Pianoforte allein componirt, welche ich Hummel dediciren möchte. Auch habe ich mehrere Lieder von Heine aus Hamburg gesetzt, welche hier außerordentlich gefielen, und endlich ein Quintett für 2 Violinen, 1 Viola und 2 Violoncelli verfertigt. Die Sonaten habe ich an mehreren Orten mit vielem Beyfall gespielt, das Quintett aber wird dieser Tage erst probirt. Wenn Ihnen vielleicht etwas von diesen Compositionen convenirt, so lassen es wissen ...«

Am Schluß des Briefes steht: »Meine Adresse ist: Neue Wieden Nr. 694 zur Stadt Ronsberg, 2 ter Stock, rechts.«

Seit dem 1. September wohnte Schubert bei seinem Bruder Ferdinand in der Vorstadt. Der milde Nachsommermonat, der in Wiens Umgebung den Wein reifen läßt, war auch ihm wohlgesonnen. Er schuf in diesen vier Wochen sein einziges ›Streichquintett in C‹ und die drei letzten Klaviersonaten. Aus den vorhandenen Skizzen zu diesen ist herauszulesen, mit welcher Intensität und Sorgfalt, welch kritischem Verstand er an ihnen gearbeitet hat. Er sprengte die Form nicht, die ihm von der Klassik überkommen war, er dehnte sie nur, um sie mit neuen Inhalten füllen zu können. Je weiter er fortschritt in der Erfahrung einer von ihm geschaffenen Klangwelt, um so differenzierter, vielschichtiger und bekenntnishafter wurde das Resultat. Diese ›drei Sonaten in c, A und B‹ enthalten so etwas wie Schuberts Vermächtnis. Ihre ganze Herrlichkeit hat wohl keiner von Schuberts Freunden erfahren. Auch diejenigen nicht, die dabei waren, als er sie in kleinem Kreise vorspielte. Ihre Geheimsprache war zu schwer zu entziffern. Auch galt damals die Form der Sonate schon als etwas überholt; romantische Spielarten, die Fantasie, das literarisch motivierte Klavierstück, fanden schneller den Weg zum Hörer. Sonaten paßten auch nicht recht in die Programme berühmter Virtuosen; zu Beethovens Lebzeiten soll nur eine einzige Sonate von ihm öffentlich vorgetragen worden sein, und die erste, die nach seinem Tode auf dem Programm eines Klavierabends stand, war die ›Appassionata‹, von Clara Wieck 1837 in Wien gespielt.

Das ›Streichquintett in C‹ entstand noch vor den Sonaten. Es ist weniger schwierig zu erfassen, und vielleicht eines der beglückendsten Kammermusikwerke der Romantik. Die eigentümliche Besetzung: 2 Geigen, 1 Bratsche, 2 Celli, erlaubt Formen der Verschränkung, des klanglichen Wechsels und der Steigerungen, die immer neue Klangerlebnisse herbeiführen. Tremoli, jähe Akzente, der unendlich tröstliche Gesang des Adagios, der klagende Ton des Scherzo-Trios, der an Bruckner gemahnt, das übermütige Finale: Schubert hat mit dieser letzten Kammermusik ein Wunderwerk geschaffen, das lange Zeit unbekannt blieb.

Erst als das Wiener Hellmesberger-Quartett um die Mitte des 19. Jahrhunderts Kammermusikabende veranstaltete und das Quintett in seine Programme aufnahm, wurde es, wie auch Schuberts ›G-Dur-Quartett‹ und das ›Oktett‹, einem größeren Hörerkreis nahegebracht. Erschienen sind alle drei Werke erst zwischen 1852 und 1855.

Schubert hatte den Wohnungswechsel auf Anraten seines Arztes, Dr. v. Rinna, vorgenommen. Er litt unter Kopfschmerzen, Schwindelanfällen und Blutandrang zum Kopf und sollte viel in guter Luft spazierengehen. Das war von einer in der Vorstadt gelegenen Wohnung aus leichter möglich als von Schobers Wohnung in der Inneren Stadt. Leider war der Neubau, den Ferdinand mit Familie bezogen hatte, noch feucht, die hygienischen Verhältnisse in dieser erst vor kurzem erschlossenen Gegend denkbar unzureichend. Schubert beabsichtigte wohl auch nur vorübergehend dort zu bleiben und nach einiger Zeit wieder in den »Blauen Igel«, zu Schober, zurückzukehren. Jedenfalls ließ er alle seine Manuskripte in dessen Musikkammer.

Am 5. September fand die Uraufführung von Bauernfelds Lustspiel ›Der Brautwerber‹ statt, von der er sich viel versprochen hatte. Schubert, Schwind und andere Freunde waren natürlich anwesend; es gab einen Achtungserfolg, nicht mehr. Bauernfeld war wie vernichtet! »Ich sah gleich bei den ersten Versen den Unsinn ein, ein großes Stück in Alexandrinern zu schreiben. Grillparzer, Schwind, Schubert, Schober und andere Freunde erwarteten mich im Gasthaus – ich war nicht imstande, sie zu sehen … Am nächsten Morgen besuchten mich Schwind und Schubert, der meine Hypochondrie gar nicht begreifen konnte. ›Mir hat das Lustspiel ganz außerordentlich gefallen‹, versicherte er wiederholt, ›uns allen. Und wir sind doch keine Esel!‹ – ›Was hilfts, wenn ich einer bin!‹ versetzte ich halb ärgerlich, halb lachend.«

Im Oktober kam von Anton Schindler, der sich in Pest aufhielt, die Aufforderung, zur Uraufführung von Franz Lachners Oper ›Die Bürgschaft‹ zu kommen und bei dieser Gelegenheit in Pest ein Konzert mit eigenen Werken zu geben. Schindler riet, Empfehlungsbriefe aus adligen Häusern mitzubringen, schrieb aber – da er Schuberts Abneigung gegen derartige Unternehmungen kannte – gleich dazu:

»Es ist dabei keine Mühe und kein Kurmachen verbunden, sondern Sie geben die Briefe hier ab, wenn wir es für notwendig finden, und damit basta! Einige 100 Gulden auf diese Art in die Tasche zu bekommen, ist nicht zu verwerfen, und nebst diesem können auch noch andere Vorteile dabei herausschauen. Also frisch! Nicht lange judiziert und keine Mäuse gemacht! Unterstützt werden Sie aufs beste und nach Kräften. Es ist hier ein junger Dilettant, der Ihre Lieder mit sehr schöner Tenorstimme gut, recht gut singt, der ist dabei, die Herren vom Theater detto, meine Schwester detto, also darf er sich mit seinem dicken Ranzen nur hinsetzen und, was vorgetragen werden soll, begleiten... Wir erwarten alle, daß Sie hübsch g'scheit handeln und sich nicht widerspenstig zeigen werden. Also auf baldiges Wiedersehen in dem Lande der Schnurrbärte!«

Schubert antwortete nicht und kam auch nicht zur Aufführung nach Pest. Er hatte einen überraschenden Entschluß gefaßt: Er wollte mit Josef Lanz, einem gleichaltrigen Musiker, bei Simon Sechter Kontrapunkt und Fuge studieren. Sechter galt damals als Meister der Musiktheorie in Wien. Schubert soll, als er sich bei ihm anmeldete, gesagt haben, er sehe ein, daß er hierin Nachhilfe brauche.

Ende Oktober ging Franz mit dem Bruder Ferdinand ins Gasthaus »Rotes Kreuz« auf dem Himmelpfortgrund, einem Familientreffpunkt früherer Jahre. Als Schubert einen Fisch verspeisen wollte, »warf er, nachdem er das erste Stückchen gegessen hatte, plötzlich Messer und Gabel auf den Teller und gab vor, es ekle ihn gewaltig vor diesem Fische und es sei ihm gerade, als hätte er Gift genommen.

Von diesem Augenblick an hat Schubert fast nichts mehr gegessen noch getrunken und blos Arzeneien genommen. Auch suchte er durch Bewegung in freier Luft sich zu helfen.«

Am 3. November hörte er ein Requiem in der Hernalser Pfarrkirche an, das sein Bruder komponiert hatte, und machte danach mit diesem und einem Freund einen dreistündigen Spaziergang. Er muß zu diesem Zeitpunkt also noch in verhältnismäßig guter Verfassung gewesen sein.

Am Tage darauf fand die erwähnte Lektion bei Simon Sechter statt – die einzige, die er wahrnehmen konnte.

Am 11. November fühlte Schubert sich ernstlich krank und blieb zu Bett. Josef von Spaun, der ihn an diesem Tage aufsuchte, schrieb darüber: »... sein Zustand schien mir ganz ungefährlich ... Er freute sich, mich zu sehen und sagte: ›mir fehlt eigentlich gar nichts, nur fühle ich mich so matt, daß ich glaube, ich solle durch das Bett fallen!‹ Er war durch eine liebliche dreizehnjährige Stiefschwester, die er mir sehr lobte, auf das liebevollste gepflegt.« An diesem Tage nahm er Korrekturen am 2. Teil seiner ›Winterreise‹ vor. Am 12. November schrieb er an Schober, der, wie auch andere der Freunde, wohl aus Angst vor Ansteckung nicht zu Schubert gekommen war:

Lieber Schober!

Ich bin krank. Ich habe schon 11 Tage nichts gegessen u. nichts getrunken und wandle matt und schwankend von Sessel zu Bett u. zurück. Rinna behandelt mich. Wenn ich auch was genieße, so muß ich es gleich wieder von mir geben.

Sey also so gut, mir in dieser verzweiflungsvollen Lage durch Lektüre zu Hülfe zu kommen. Von Cooper habe ich gelesen: ›Der Letzte der Mohikaner‹, den ›Spion‹, den ›Lootsen‹ und die ›Ansiedler‹. Solltest Du vielleicht noch was von ihm haben, so beschwöre ich Dich, mir solches bey der Fr. v. Bogner im Kaffeeh. zu depositiren. Mein Bruder, die Gewissenhaftigkeit selbst, wird solches am gewissenhaftesten mir überbringen. Oder auch etwas Anderes.

Dein Freund
Schubert

Am 14. November scheint der Geiger Karl Holz, der häufig bei Aufführungen Schubertscher Werke mitgewirkt hat, mit einigen Kollegen zu ihm gekommen zu sein. Sie spielten ihm auf seinen Wunsch Beethovens ›cis-Moll-Quartett‹ vor – das vorletzte, das der Meister geschrieben hat. Dies war die letzte Musik, die Schubert auf Erden hörte. Dr. von Rinna war inzwischen selber erkrankt, sein Kollege Dr. von Vering hatte Schuberts Behandlung übernommen. Da sich sein Zustand rasch verschlimmerte, zog er am 16. November noch Dr. Wisgrill zu einem Konsilium hinzu. Die Behandlungsweise wurde danach anscheinend geändert. Schubert hatte in diesem Stadium keinen Begriff von der Gefährlichkeit seiner Erkrankung. Am 17. November delirierte er viel, hatte aber zwischendurch noch immer klare Momente. Bauernfeld, der ihn an diesem Tage besucht hat, schrieb: »Er lag hart darnieder, klagte über Schwäche, Hitze im Kopf, doch war er noch des Nachmittags vollkommen bei sich, ohne Anzeichen des Delirierens, obwohl mich die gedrückte Stimmung des Freundes mit schlimmen Ahnungen erfüllte. Schon des Abends phantasierte der Kranke heftig, kam nicht mehr zum Bewußtsein – der heftigste Typhus war ausgebrochen. Noch die Woche vorher hatte er mir mit allem Eifer von der Oper (dem ›Grafen von Gleichen‹) gesprochen und mit welcher Pracht er sie orchestrieren wolle. Auch völlig neue Harmonien und Rhythmen gingen ihm im Kopf herum, versicherte er – mit diesen ist er eingeschlummert.«

Am 19. November 1828, nachmittags um drei Uhr, ist Franz Schubert gestorben, einunddreißig Jahre und neun Monate alt. »Sein freundliches unverändertes Antlitz zeigte, daß er sanft und ohne Kampf hinübergegangen sei.« Die Bestürzung, der Schmerz aller, die ihm nahestanden, war groß. Keiner hatte auch nur im entferntesten an ein so frühes Ende gedacht. Ferdinand schrieb am 21. November, früh um sechs Uhr, einen rührenden Brief an den Vater, in dem es heißt:

Am Abende vor seinem Tode sagte er bei halber Besinnung zu mir: »Ich beschwöre Dich, mich in mein Zimmer zu schaffen, nicht da in diesem Winkel unter der Erde zu lassen; verdiene ich denn keinen Platz über der Erde?« Ich antwortete ihm: »Lieber Franz, sei ruhig, glaube doch Deinem Bruder Ferdinand, dem Du immer geglaubt hast, und der Dich so sehr liebt. Du bist in dem Zimmer, in dem Du bisher warst, und liegst in Deinem Bette!« – Und Franz sagte: »Nein, ist nicht wahr, hier liegt Beethoven nicht.«

Sollte dies nicht ein Fingerzeig seines innersten Wunsches sein, an der Seite Beethovens, den er so sehr verehrte, zu ruhen?

Der Vater stimmte Ferdinand zu. Franz wurde auf dem ›Währinger Friedhof‹, nicht in dem zunächst liegenden der Vorstadt Margareten begraben. Man hatte ihn, wie damals üblich, in ein Einsiedlergewand gekleidet; um seine Schläfen wand sich ein Lorbeerzweig. Der Sarg, reich bekränzt, wurde von jungen Beamten und Freunden zunächst in die nahe gelegene Kirche »Zum Heiligen Josef« getragen, dort erklang Schuberts ›Pax vobiscum‹, dem Schober einen neuen Text unterlegt hatte. Dieser Einsegnung folgte eine zweite in der »Währinger Kirche«. Ein langer Zug von Freunden und Verehrern geleitete den Sarg, der nur wenige Grabstätten von der Beethovens entfernt beigesetzt wurde.

Schon am Tage seines Todes und danach haben Schuberts Freunde versucht, ihrer Trauer in Versen Ausdruck zu geben. Unter ihnen war Schober, Bauernfeld, Mayrhofer und noch manche anderen Dichter. Aus ihren Strophen spricht die Echtheit des Schmerzes, auch das verzweifelte Bemühen, in Schuberts Musik Trost zu finden, die sie so oft über Schweres hinweggetragen hatte. Doch die heilsame Kraft des Freundeskreises schien mit dem Tode dessen erloschen, der so viele Jahre hindurch sein Mittelpunkt gewesen war.

Moritz von Schwind war zu diesem Zeitpunkt schon nach München übergesiedelt. Er erfuhr die traurige Nachricht durch Netti Hönig. Mit unverminderter Intensität sprechen die Worte zu uns, die er am 25. November 1828 an Schober richtete.

Lieber guter Schober. Ich habe gestern den Brief bekommen, wo mir die Netti schreibt, daß Schubert gestorben ist. Du weißt, wie ich

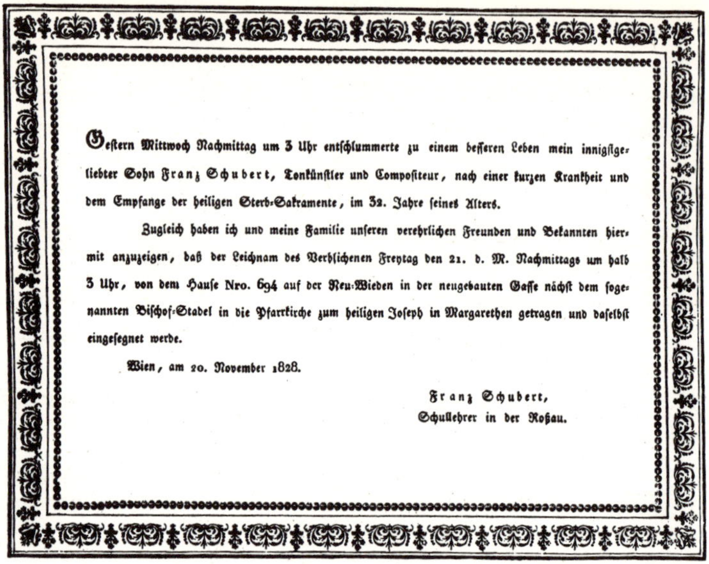

Gestern Mittwoch Nachmittag um 3 Uhr entschlummerte zu einem besseren Leben mein innigstgeliebter Sohn Franz Schubert, Tonkünstler und Compositeur, nach einer kurzen Krankheit und dem Empfange der heiligen Sterb-Sakramente, im 32. Jahre seines Alters.

Zugleich haben ich und meine Familie unseren verehrlichen Freunden und Bekannten hiermit anzuzeigen, daß der Leichnam des Verblichenen Freytag den 21. d. M. Nachmittags um halb 3 Uhr, von dem Hause Nro. 694 auf der Neu-Wieden in der neugebauten Gasse nächst dem sogenannten Bischof-Stadel in die Pfarrkirche zum heiligen Joseph in Margarethen getragen und daselbst eingesegnet werde.

Wien, am 20. November 1828.

Franz Schubert,
Schullehrer in der Roßau.

Todesanzeige

ihn liebte, Du kannst Dir denken, wie ich dem Gedanken kaum gewachsen war, ihn verloren zu haben. Wir haben noch Freunde, teure und wohlwollende, aber keinen mehr, der die schöne unvergeßliche Zeit mit uns gelebt und nicht vergessen hat. Ich habe um ihn geweint wie um einen meiner Brüder; jetzt aber gönn ich's ihm, daß er in seiner Größe gestorben ist und seines Kummers los ist. Je mehr ich es jetzt einsehe, was er war, je mehr sehe ich ein, was er gelitten hat... Die Erinnerung an ihn wird mit uns sein, und alle Beschwerden der Welt werden uns nicht hindern, in Augenblicken ganz zu fühlen, was uns ganz verschwunden ist.

Dein Moritz

Von Franz von Schober, Johann Baptist Jenger und Franz Grillparzer wurde ein Subskriptionsfonds zur Errichtung eines Grabsteins geschaffen. Anna Fröhlich, die sich mit ihren Schülerinnen so oft für

Schuberts Werke eingesetzt hatte, veranstaltete im Saal des Musikvereins ein Konzert, dessen Einnahmen ebenfalls dem Fonds zugute kommen sollten. Darin kam, neben anderen Schubertwerken, auch sein ›Es-Dur-Klaviertrio‹ zum Vortrag, das an Schuberts Kompositionsabend an der gleichen Stelle erklungen war. Der Erfolg dieses und eines zweiten Abends war so groß, daß der Gedenkstein in Auftrag gegeben werden konnte.

Die Grundzüge des Entwurfes stammten von Schober, der Architekt Ludwig Förster besorgte die Ausführung. Eine Büste von Josef Alois Dialer vervollständigte später das Denkmal; Franz Grillparzer schuf das Epitaph:

Die Tonkunst begrub hier einen reichen Besitz, aber noch viel schönere Hoffnungen.

Wie reich der musikalische Besitz war, den Schubert hinterlassen hatte, wußte Grillparzer ebensowenig wie die übrige Musikwelt. Heute verstehen wir diesen Spruch in einem anderen Sinn als dem vom Dichter gemeinten: Die »Hoffnungen«, die ihm unerfüllbar schienen, sind nicht mit Schubert begraben worden. Aus privaten Notensammlungen, Verlagsarchiven und Bibliotheken kamen sie nach und nach ans Licht: Jugendwerke von unverbrauchter Frische, Unschuld und Leidenschaft, spätere Kompositionen, in einer musikalischen Sprache von höchster Sensibilität geschrieben – und doch verständlich für Millionen von Menschen.

Das Leben, die Anforderungen ihrer Berufe, Familienfreuden wie Sorgen haben Schuberts Freunde später auseinandergeführt; ganz verloren sie sich nie aus den Augen. Als um die Mitte des 19. Jahrhunderts Materialien für eine erste ausführliche Schubertbiographie gesucht wurden, griff man vor allem auf die Erinnerungen jener zurück, die ihn noch persönlich gekannt hatten. Manche der Freunde haben damals zum ersten Mal aufgeschrieben, was ihr Gedächtnis jahrzehntelang bewahrt hatte. Doch Erinnerungen können trügen; die Erlebnisse, die dreißig oder vierzig Jahre zurücklagen, stellten sich bei verschiedenen Zeugen in unterschiedlichen Versionen dar. Auch haben anekdotische Ausschmückungen Schuberts Bild nachträglich verändert, oft sogar verfälscht. Die sorgfältige Kontrolle und Wiederherstellung einer glaubwürdigen Überlieferung ist vor allem Otto Erich Deutsch und seiner grundlegenden Forscherarbeit zu danken.

Die besten und treuesten der Schubertianer haben die Sehnsucht nach jenen Tagen, die Moritz von Schwind »die schöne unvergeßliche Zeit« nannte, nie verloren. Keiner von ihnen verlernte, »in Augenblicken ganz zu fühlen«, was ihre jungen Jahre erfüllt hatte: *Schuberts Musik*.

›An die Musik‹ in Schuberts Handschrift

Anhang

Literatur über Franz Schubert; seine Werke, seine Freunde, seine Zeit

Adorno, Theodor W., ›Schubert‹, in ›Moments musicaux‹, Aufsätze, 1964

Alexis, Willibald, ›Wiener Bilder‹, in ›Erinnerungen‹, herausgegeben von Dr. M. Ewert, 1900

Bäuerle, Adolf, ›Memoiren‹, 1858

Bauernfeld, Eduard von, ›Ein Buch von uns Wienern‹, Gedichte, 1856

–, ›Alt- und Neu-Wien‹, 1852

Brendel, Alfred, ›Schuberts Klaviersonaten‹, in ›Nachdenken über Musik‹, 1976

Brown, Maurice J. E., ›Schubert, eine kritische Biographie‹, 1969

Bücher, Dr. Wilhelm, ›Grillparzers Verhältnis zur Politik seiner Zeit‹, Marburg 1913, in ›Beiträge zur deutschen Literaturwissenschaft‹, Bd. 19

Carnaro, Franz von, ›Der wunderliche Heilige‹, ›Briefe Moritz von Schwinds an Anton von Spaun‹, 1871, zitiert nach Jahrbuch d. Stadt Linz, 1972

Castelli, Ignaz Franz, ›Memoiren meines Lebens‹, 1913, herausgeg. von Josef Bindtner

Chézy, Helmina von, ›Denkwürdigkeiten aus dem Leben, von ihr selbst erzählt‹, 1858

Czeike, Felix, ›Das große Groner Wien Lexikon‹, Wien 1974

Dahms, Walter, ›Schubert‹, 1913

Deutsch, Otto Erich, ›Schubert, die Dokumente seines Lebens‹, 1964

–, ›Die Erinnerungen seiner Freunde‹, 1957

–, ›Franz Schuberts Briefe und Schriften‹, 1919, 1954

–, ›Franz Schubert, sein Leben in Bildern‹, 1913

–, ›Musikalische Kuckuckseier und andre Wiener Musikgeschichten‹, 1973

–, ›Thematic Catalogue of all his Works‹, London 1951

Einstein, Alfred, ›Schubert, ein musikalisches Porträt‹, 1952

Federmann, Reinhart, ›Wiener G'schichten – Geschichte Wiens‹, 1968

Feil, Arnold, ›Die schöne Müllerin, Winterreise‹, 1975

Feuchtersleben, Ernst Freiherr von, ›Zu Schuberts Andenken‹, 1835

Feuchtmindler, R. F., ›Leopold Kupelwieser und die Kunst der österreichischen Spätromantik‹, 1970

Fischer-Dieskau, Dietrich, ›Auf den Spuren der Schubertlieder‹, 1971
Friedell, Egon, ›Kulturgeschichte der Neuzeit‹, 1927–1931
Georgiades, T., ›Schubert, Musik und Lyrik‹, 1967
Grautoff, Otto, ›Moritz von Schwind‹, 1904
Grillparzer, Franz, ›Werke, Memoiren‹, Briefe
›Grove's Dictionary of music and musicians, Schubert‹, Werkverzeichnis
Hanslick, Eduard, ›Geschichte des Conzertwesens in Wien‹, 1869
–, ›Moritz von Schwind, Opernzyklus im Foyer des k. k. Opernhauses in Wien‹, 1880
Hensel, Georg, ›Spielplan‹, Bd. I, 1966
Huschke, Konrad, ›Das Siebengestirn der großen Schubertschen Kammermusikwerke‹, 1928
Jaspert, Werner, ›Schubert, Zeugnisse seines irdischen Daseins‹, 1947
Kahl, Willi, ›Verzeichnis des Schrifttums über Schubert 1828–1928‹, 1938
Kerner, Dieter, ›Krankheiten großer Musiker‹, 1963
Klein, Rudolf, ›Schubertstätten‹, 1972
Kobald, Karl, ›Schubert und Schwind‹, 1921
–, ›Alt-Wiener Musikstätten‹, 1923
Költzsch, Hans, ›Franz Schubert in seinen Klaviersonaten‹, 1927
Kosch, Erich, ›Österreich im Dichten und Denken Grillparzers‹, 1946
Kralik, Heinrich, ›Das Buch der Musikfreunde‹, 1951
Kreissle von Hellborn, Heinrich, ›Franz Schubert‹, Wien 1865
Ley, Stephan, ›Beethoven, sein Leben in Selbstzeugnissen, Briefen und Berichten‹, 1939
Massin, Brigitte, ›Franz Schubert‹ (franz.), Librairie Arthème Fayard, 1977
Mayrhofer, Johann, ›Gedichte‹, 1824, herausgeg. von Feuchtersleben 1843, neue Ausgabe 1938 von M. M. Rabenlechner
Moore, Gerald, ›Schuberts Liederzyklen‹, 1975
Moser, Hans Joachim, ›Das deutsche Lied seit Mozart‹, 1968
Müller, Joachim, ›Franz Grillparzer‹, Stuttgart 1963
Müller, Wilhelm, ›Gedichte‹, vollständige kritische Ausgabe, Reprint, 1908
Orel, Alfred, ›Der junge Schubert‹, 1928
–, ›Grillparzer und Schubert‹, 1929
–, ›Grillparzer und Beethoven‹, 1941
Pichler, Karoline, ›Denkwürdigkeiten aus meinem Leben‹, Wien 1844, von E. K. Blüml 1914 herausgegeben
Pommeranz-Liedtke, Gerhard, ›Moritz von Schwind, Maler und Poet‹, 1974
Rehberg, Walter und Paula, ›Franz Schubert, Leben und Werk‹, 1946
Sachse, Hans-Martin, ›Franz Schuberts Streichquartette‹, 1958
Schwind, Moritz von, ›Briefe‹, herausgeg. von Otto Stoessl, 1924

Sonnleithner, Leopold von, ›Erinnerungen an die Privatmusik im Wien der ersten Hälfte des 19. Jahrhunderts‹, 1861–63 in der Wiener Zeitschrift ›Rezensionen und Mitteilungen über Theater und Musik‹
Spaun, Josef von, ›Erinnerungen an Schubert‹, herausgeg. von Georg Schünemann, 1936
Szemôlyan, Walter, ›Schubert als Opernkomponist‹, 1971
Wallerton, Henry, ›Metternich, Napoleons großer Gegenspieler‹, 1966
Weidemann, Otto, ›Moritz von Schwind, des Meisters Werke in 1263 Abbildungen‹, 1906
Ziak, Karl, ›Unvergängliches Wien, ein Gang durch die Geschichte von der Urzeit bis zur Gegenwart‹, 1964
Zöllner, Erich, ›Geschichte Österreichs‹, 1966

Herangezogen wurden außerdem:
Jahrbücher der Grillparzer-Gesellschaft
›Katalog der Schubert-Zentenar-Ausstellung 1897 in Wien‹
›Österreichische Musikzeitschrift‹
›Wiener Gerichtsblätter‹
Jahrbücher und Mitteilungen des Vereins für die Geschichte der Stadt Wien
›The Music Review‹, 1974, Vol. 35

Die zitierten Texte wurden gelegentlich, der leichteren Lesbarkeit halber, geringfügig modernisiert, Auslassungen durch ... angedeutet.

Geldwerte zu Schuberts Zeit

In Wien galt der Gulden (fl., von Florin) als Zahlungsmittel. Es gab Gulden Wiener Währung (fl.W.W.) und Konventionsmünze (fl.K.M.).

100 fl.W.W. entsprachen 40 fl.K.M., 1 Gulden hatte 40 Kreuzer.

Für ein Opus erhielt Schubert im allgemeinen 50 fl.K.M.,

für die Musik zu dem Singspiel ›Die Zwillingsbrüder‹ 200 fl.K.M.,

für die ›7 Lieder des Fräuleins vom See‹ 200 fl.K.M.,

für das ›Es-Dur-Klaviertrio op 100‹ 60 fl.K.M.

Der 1. Teil der ›Winterreise‹ – 12 Lieder – wurde für 3 fl.K.M. angeboten.

Schuberts Konzert im März 1828 erbrachte 800 fl.W.W. = 329 fl.K.M. Die Eintrittskarten zu dem Abend kosteten 3 fl.W.W. (Bei Paganinis Wiener Konzerten kosteten die Billets im Parterre 5 fl.W.W., auf der Nobelgalerie das Doppelte.)

Zum Vergleich:

Als Schulgehilfe erhielt Schubert jährlich 80 fl.K.M.

Das Gehalt des Musikdirektors in Laibach, um dessen Stelle er sich vergeblich bewarb, war mit 500 fl.M.M. (= W.W.) ausgeschrieben.

Für das möblierte Zimmer an der Karlskirche zahlte er 10 fl.K.M. monatlich. 1 Pfd. Rindfleisch kostete damals etwa 6 Kreuzer, ein Mittagessen im Gasthaus 20–40 Kreuzer, in einem besseren Restaurant 2–4 fl.K.M.

(nach O. E. Deutsch)

Die angeführten Werke Franz Schuberts in chronologischer Folge

Die Angaben der D- und op.-Zahlen folgen dem Werk von O. E. Deutsch, ›Schubert, Thematic Catalogue of all his Works‹, London 1951.

Die Textdichter der Lieder und dramatischen Werke sind in Klammern angegeben.

Die Namensschreibung erfolgt durchweg nach O. E. Deutsch, ›Franz Schubert, die Dokumente seines Lebens‹.

* Neue musikwissenschaftliche Erkenntnisse, Schuberts sinfonische Arbeiten betreffend, siehe bei Peter Gülke, Schubert-Skizzen, Faksimile, Bärenreiter Verlag 1978

Bildnachweis

Autorin und Verlag danken dem Bildarchiv Preußischer Kulturbesitz Berlin, das die Vorlagen zu folgenden Bildern zur Verfügung stellte: Seite 15, 17, 25, 43, 47, 51, 56, 59, 60, 70, 80, 83, 87, 93, 94, 96, 97, 102, 105, 107, 116, 117, 123, 125, 138, 143, 147, 192, 195, 197, 206.

Mit freundlicher Unterstützung des Bildarchivs Preußischer Kulturbesitz Berlin wurden die Vorlagen zu folgenden Bildern eigens für dieses Buch angefertigt: Seite 91, 99.

Aus dem Privatbesitz von Prof. Wilhelm Kempff wurde die Vorlage für das Bild auf Seite 160 zur Verfügung gestellt.

Dem Bildarchiv der Österreichischen Nationalbibliothek Wien entstammen die Vorlagen zu den Bildern auf Seite 15 und 68.

Das Original des Aquarells von F. Stober auf Seite 173 befindet sich im Beethoven-Haus Bonn.

Klassische und moderne Erzählungen

Klassische deutsche Erzählungen aus dem 19. Jahrhundert. dtv junior 7908

Erzählungen moderner deutscher Klassiker des 20. Jahrhunderts. dtv junior 7909

Geschichten für die Gänsehaut. Klassische und moderne Texte. dtv junior 7920

Eine treffende Schilderung Frankreichs Ende des 19. Jahrhunderts. dtv junior 7916

Generationen von Lesern haben schon an den aufregenden Geschehnissen dieses Buches teilgenommen. dtv junior 7925

Der schönste deutsche Jugend- und Abenteuerroman im großen Format. dtv junior 7928